5e

ANGLAIS

Jacqueline Quéniart
Agrégée de l'Université

Marie-Pierre Lemaire
Professeur agrégé au Collège Gérard Philipe, Massy (91)

Michèle Geffroy
Professeur certifié au Collège Jean-François Champollion,
Voisins-le-Bretonneaux (78)

Julia Giraud-Bradley
B.A. (Durham), professeur certifié

Avec la collaboration de
Graham Bushnell
M.A. (Oxon), R.S.A. (Dip. TFL)

Workbook

Good news

Illustrations
Suzy Davis

BELIN
8, rue Férou
75278 Paris cedex 06
www.editions-belin.com

le CD élève

Piste	Lesson/ section	Activité
Here we are!		
1	–	2
2	–	The sound of English 1
Welcome to the States!		
3	2	Dialogue one
4	2	Dialogue two
5	2	Dialogue three
Chapter 1		
6	Lesson 1	4
7	Lesson 1	The sound of English 1
8	Lesson 1	The sound of English 2
9	Lesson 2.	2
10	Lesson 4	2
Chapter 2		
11	Lesson 1	The sound of English 1
12	Lesson 1	The sound of English 2
13	Lesson 2	2
14	Lesson 4	2
Chapter 3		
15	Lesson 1	2
16	Lesson 1	The sound of English 1
17	Lesson 2	2
18	Lesson 4	2
Chapter 4		
19	Lesson 1	2
20	Lesson 1	The sound of English 1
21	Lesson 1	The sound of English 2
22	Lesson 2	2
23	Lesson 4	2
Chapter 5		
24	Lesson 1	3
25	Lesson 1	4
26	Lesson 1	5
27	Lesson 1	The sound of English 1
28	Lesson 1	The sound of English 2
29	Lesson 2	2
30	Lesson 4	2

Piste	Lesson/ section	Activité
Chapter 6		
31	Lesson 1	3
32	Lesson 1	5
33	Lesson 1	The sound of English 1
34	Lesson 2	2
35	Lesson 4	2
Chapter 7		
36	Lesson 1	2 (Part 1)
37	Lesson 1	2 (Part 1)
38	Lesson 1	2 (Part 3)
39	Lesson 1	3
40	Lesson 1	4 (...answer)
41	Lesson 1	4 (...check)
42	Lesson 1	The sound of English 1
43	Lesson 1	The sound of English 2
44	Lesson 2	2
45	Lesson 4	2
46	Lesson 4	5
Chapter 8		
47	Lesson 1	2
48	Lesson 1	3
49	Lesson 1	4
50	Lesson 1	The sound of English 2
51	Lesson 1	The sound of English 3
52	Lesson 2	2
53	Lesson 4	2
Chapter 9		
54	Lesson 1	2
55	Lesson 1	3
56	Lesson 1	4
57	Lesson 1	5
58	Lesson 1	The sound of English 1
59	Lesson 2	2
60	Lesson 4	2

ISBN 978-2-7011-**4530**-3

SOMMAIRE

Here we are!

Say what you can

1 De qui s'agit-il? Jessica ? Rafi ? Poppy ? Luke ?

1. She is 12 and a half. She is Luke's sister. She plays hockey and she is in the school band.

- She is ______________________

2. He is English but he was born in Pakistan. He is 13. He is Poppy's neighbour. He is crazy about animals.

- He is ______________________

3. She is Poppy's best friend. She is on the hockey team too. She is 13.

- She ______________________

4. He is 15. He is English. He is a musician. He plays the guitar in the school band.

- He ______________________

____

3 Devine qui parle. Indique dans quel ordre tu les entends parler.

Mrs White	Poppy	Greg	Jessica	Luke	Rafi

Discover the Aviation Alphabet!

4 a. Écris la première lettre de chaque mot que tu entends pour déchiffrer les 2 messages.

1. ____

2. ____

b. Souligne les différences entre les deux messages.

5 Fais deviner à la classe une expression ou une courte phrase. Écris les mots de l'alphabet de l'aviation dont tu auras besoin.

____

____

____

____

The sound of English

1 Écoute et souligne la syllabe accentuée.

- arrive
- traffic
- controller
- airport
- aviation
- alphabet
- Juliet
- Romeo
- London
- November

2 Écoute et souligne le mot accentué.

1. She's got beautiful hair.
2. He plays the trumpet.
3. Her students love her.
3. Her students love her.
4. We have history on Wednesdays.
5. We have history on Wednesdays.

3 Dictée.

____

____

Welcome to the States!

Say what you can

2 a. Qui rencontre qui ?

	American children		English children
Dialogue 1			
Dialogue 2		*is meeting*	
Dialogue 3			

b. Identifie les parents.

1. Harry is ______________________________

2. Sue is ______________________________

c. Qui dit quoi ? Réponds aux questions.

1. Who says "Nice to meet you"? ____________

2. Who says "Hi Greg! This is my Mom"? ____________

3. Who asks about the time? ____________

4. Who asks about the flight? ____________

d. Écoute à nouveau ce dialogue et répète-le. Puis entraîne-toi à le jouer avec tes camarades jusqu'à ce que tu le saches par cœur.

Ben: You're Rafi, right?
Rafi: Yes, I am. Are you Benjamin?
Ben: Yeah! Call me Ben.
Rafi: Greg, come here! This is Ben.
Greg: Hi, Ben, I'm Greg.
Ben: Hi, Greg! This is my Mom.
Mrs C.: Hi, Greg! Hi, Rafi! My name's Sue. Nice to meet you.

3 **Choisis un des jeunes américains puis écris un paragraphe pour le présenter.**

____

____

____

____

Your turn to speak

4 **Tu vas rencontrer un(e) jeune Américain(e) ou une(e) jeune Anglais(e). Prépare les questions que tu vas lui poser pour faire connaissance. Rappelle-toi ce que tu as appris l'année dernière pour les fabriquer.**

Questions	Réponses
______________	______________
______________	______________
______________	______________
______________	

Grammar news

A. Conjugue *be* au présent à la forme pleine et à la forme contractée.

Forme pleine		Forme contractée	
I	*we*	*I*	*we* ....
you	*you*	*you*	*you* ....
he/she/it	*they*.........	*he/she/it*	*they* ....

B. Recopie ces phrases à la forme pleine.

1. He's a funny American actor. ______________
2. He's got a small moustache and a black hat. ______________
3. You've got a nice T-shirt! ______________
4. You're not funny! ______________

C. Retrouve les mots interrogatifs pour demander...

1. Qui ? ______________
2. Quoi ? ______________
3. Où ? ______________
4. Comment ? ______________
5. Quel âge ? ______________

CHAPTER 1

Travelling

LESSON 1 Around the world

Listen, learn and practise

2 a. Souligne la syllabe accentuée, puis écoute et vérifie.

• *Italy* • *Japan* • *India* • *Bombay* • *China* • *The Channel*

b. Lis ces mots à voix haute, puis écris-les.

[njuː jɔːk], [juːes'eɪ], ['juːərəp]

____

3 Complète le journal de Phileas Fogg. Utilise les verbes suivants au prétérit.

• *sail* • *take* • *cross* • *arrive* • *leave*

I ____________ London on October 2nd, 1872 and ____________ a train to Dover. Then I ____________ to France and ____________ Europe by train. I ____________ in Brindisi. I ____________ to Bombay via Suez on the steamboat *The Mongolia*.

4 a. Réécoute les aventures de Phileas Fogg.
Prête plus particulièrement attention aux formes verbales.

• *took* • *stopped* • *rode* • *saved* • *invited* • *sailed* • *caught* • *attacked*
• *caught* • *crossed* • *arrived* • *won*

b. Classe ces formes en deux colonnes, puis retrouve la base verbale (V).

verbes réguliers	
prétérit	base verbale

verbes irréguliers	
prétérit	base verbale
won	*win*

5 a. Quels moyens de transport Fogg a-t-il utilisé ?

Fogg travelled by ____________, by ____________ and by ____________

b. Combine les mots de chaque colonne pour former des mots composés.

motor		______________
snow	boat	______________
sailing	board	______________
skate	bike	______________
mountain		______________

c. Classe les moyens modernes de transport.

• *plane* • *train* • *truck* () • *ferry* • *bicycle* • *car* • *bus* • *underground* • *motorbike* • *sailing boat* • *helicopter* • *lorry* () • *hot-air balloon*

water	
air	
earth	

The sound of English

1 Que vas-tu entendre? [ʃ] or [tʃ] ? Coche la bonne case puis écoute et vérifie

	[ʃ]	[tʃ]
ship		
children		
catch		
shine		
shop		
check		
show		
choose		
China		
sheep		
teacher		

2 [id], [d] or [t]? Coche la bonne case puis écoute et vérifie.

	[id]	[d]	[t]
visited			
liked			
checked			
wanted			
played			
missed			
sailed			
stayed			
repeated			
travelled			
stopped			
arrived			

3 Passé ou présent? Coche l'ordre dans lequel tu entends ces mots.

1. ☐ travelled ☐ travel
2. ☐ listen ☐ listened
3. ☐ like ☐ liked
4. ☐ opened ☐ open
5. ☐ call ☐ called

4 Dictée.

____

____

____

LESSON 2 First impressions

Listen and understand

2 a. Écoute la conversation et mets les images dans l'ordre.

☐ ☐ ☐ ☐ ☐

b. Complete cet extrait du dialogue avec avec *did/didn't, was/wasn't, were.*

Mrs Benson: ________ you have a nice flight?

Poppy: Yes, it ________ OK, but a bit long!

Mrs Benson: ________ you sleep on the plane?

Poppy: No, I ____________. Rafi and I ________ too excited.
We watched the film and read some magazines.

Mrs Benson: ________ they give you a meal?

Poppy: Yes, they ________ but I only had an apple. I ________ hungry.

Mrs Benson: And ________ you see New York from the plane?

Poppy: Yes we saw the Empire State Building and we flew over the Statue of Liberty. It ________ great!

Mrs Benson: What about Emily and her family? ________ they at the airport?

Poppy: Yes, they ________

c. Souligne maintenant les cinq autres formes du prétérit.

d. Trouve la base verbale de chaque verbe.

3 a. Le vol. Complète et réponds.

prétérit	was	read	were	flew	watched	had	saw
base verbale							

1. Poppy's opinion about the flight?

____

2. Poppy and Rafi's reaction?

____

3. Their activities?

____

4. The meal?

She ____________________ *because* ____________________

5. Poppy's reaction when they flew over New York?

"It ____!"

b. La rencontre avec la famille d'Emily. Complète.

Poppy thinks ____________________________________

c. Poppy et son premier hamburger américain. Coche la bonne case et complète.

☐ She didn't like it very much. 😐

☐ She liked it a lot. ☺

☐ She didn't like it at all. ☹

☐ She said: "____________________________________"

d. Les cadeaux. Complète ou coche la bonne case.

1. Emily's mother ____________________________________

2. Emily's father ____________________________________

3. What happened? ____________________________________

4. Was he hungry? ☐ greedy? ☐

e. Le père d'Emily. Trouve l'expression équivalente en français.

He's got a sweet tooth = ____________________________________

4 Recap! Utilise les mots suivants pour résumer le dialogue.

1. Poppy – phone – mother
2. They – nice flight – long
3. sleep – watch – read
4. Empire State Building – Statue of Liberty
5. stop – restaurant – way home
6. Poppy – hamburger – yummy
7. Poppy – give – family – presents
8. Mrs Wagner – scarf – very much
9. Mr Wagner – chocolates

____

____

____

____

____

____

____

Grammar news

▸ Observe et réfléchis.

A. Réponds et complète.

1. Sur quoi portent toutes les questions de Mrs Benson?

____

2. Par quel mot commencent-elles? _______________________________

3. Complète ces deux questions :

_______________________ *a nice flight?*

_______________________ *them their presents?*

Conclusion

Did est le passé de l'opérateur ________. *Did* s'emploie pour former les ____________

B. Réponds et complète.

1. À la question *Did you sleep?*, que répond Poppy ? ____________________

2. Poppy ne répéte pas la base verbale *sleep*. Elle fait une réponse ____________

Conclusion

Didn't est une forme négative. C'est la contraction de ________ + ________

Si Poppy avait fait une réponse positive, elle aurait dit : *Yes, I* ________

C. Complète et réponds.

1. Surligne tous les verbes dans les phrases suivantes.

We watched the film. We stopped at a restaurant on the way.
Emily's mother liked her scarf very much. Emily's father loved his chocolates.

2. Que remarques-tu ? Ils se terminent tous par ________

Conclusion

Ce sont des verbes réguliers. La terminaison « -ed » indique qu'ils sont au ____________.

3. Retrouve leur base verbale.

watched ____________ *stopped* ____________ *liked* ____________ *loved* ____________

D. Réponds et complète.

1. Surligne les verbes dans les phrases suivantes.
We read some magazines. I only had an apple. We saw The Empire State Building and we flew over the Statue of Liberty. I had my first American hamburger.

2. À quel temps sont-ils ? ______________________________

3. Note la base verbale de ces trois verbes.

Had ________________ *saw* ________________ *flew* ________________

Conclusion
Ce sont des verbes irréguliers.
Il faut connaître la forme qu'ils prennent au passé pour pouvoir les reconnaître et les utiliser.
À la fin de ton manuel, p. 159, tu trouveras la liste des verbes irréguliers que tu apprendras cette année.

LESSON 3 The American breakfast

Listen! A culture flash

1 a. Écoute et coche ce que tu entends.

During the night, we ☐ last ☐ far ☐ fast ☐ fat.

b. Complète.

What does breakfast do? It ____________ your ____________

c. Réfléchis sur la composition et le sens du mot *breakfast*.

1. Le nom *break* signifie ____________ Le verbe *break* signifie ____________

2. L'adjectif *fast* signifie ____________ Le verbe *fast* signifie ____________

3. Dans breakfast, *break* signifie ____________ , *fast* signifie ____________

d. Compare avec le mot français « déjeuner ».

1. « Jeûner » est un ____________ qui signifie ____________

2. Le nom correspondant est ____________

3. Le préfixe « dé- » a un sens proche de ____________

Find out about...

2 Écoute Amanda et coche les bonnes cases.

1. For breakfast, Amanda usually has...

☐ bread and butter ☐ pancakes ☐ cereal ☐ porridge ☐ bacon and eggs.

2. How often?

☐ Every day. ☐ Every other day. ☐ Once a week.

3. She likes to drink...

☐ coffee ☐ milk ☐ water ☐ hot chocolate ☐ soda ☐ tea ☐ orange juice.

5 a. Aide-toi des images pour trouver l'équivalent français des mots suivants.

bacon strips = ____________ pork = ____________

soft drinks = ____________ sausage links = ____________

scrambled eggs = ____________ maple syrup = ____________

b. Lesquels de ces mots ressemblent au français? (On dit qu'ils sont transparents.)

____

c. Relève dans le menu ce qui justifie le nom de ces plats.

Porky Jr. ____________

Silver five ____________

Funny Face ____________

Pigs in Blankets* ____________

Iced tea ____________

* blanket = *couverture*

d. Les smoothies. Réponds aux questions.

1. Avec quels autres fruits pourrais-tu faire un smoothie ?

____

2. Que signifie le mot *fruits* dans la dernière phrase de la recette du smoothie ?

____

Pourrais-tu dire la même chose en français ? Traduis la phrase.

____

Act out!

6 Écoute la conversation.

1. Écris les quatre mots-clés qui décrivent le *French toast*.

____

2. Comment l'appelle-t-on en français?

____

3. Réécoute la conversation en suivant le script. Puis jouez-la par groupe de trois en intervertissant les rôles.

Waitress: Are you ready to order?
Girl: Yes, please. I'd like some pancakes with maple syrup, please.
Waitress: Yes, and what about you, sir?
Man: What's French toast, please?
Waitress: It's bread dipped in egg and milk. Then it's fried.
Man: Sounds fine. Can I have some French toast then, and maple syrup to go with it?
Waitress: Of course, sir. Any drinks?
Man: Tea for me please.
Girl: Orange juice for me, please!

LESSON 4 A day in Philadelphia

Listen and understand

2 Écoute et complète.

1. The conversation is about three subjects:

a. ______________ b. ______________ c. ______________

2. I think the important words in the conversation are:

____

3. Conclusion:

– The girls went ______________

– Poppy almost* had ______________

– The boys went ______________

* almost = *presque*

3 Écoute Poppy, Rafi et Emily et complète.

1. Poppy bought ______________

2. Poppy wanted to ______________. She didn't see ______________

3. What was her mistake? She looked ______________

4. She took one step then she heard ______________ so she ______________

4 a. Écoute Emily, Ben, Rafi et Poppy. Note dans quel ordre tu entends ces mots. Puis réécoute et complète les légendes.

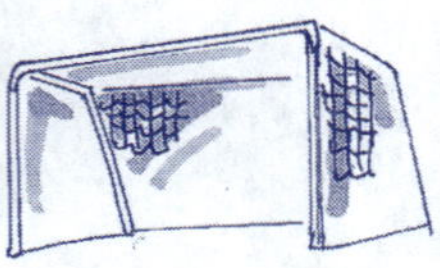

☐ There were ______________

☐ There was ______________

☐ There were ______________

☐ There were ______________ at the ballpark.

☐ They bought ______________

____

b. Écoute Poppy, répète, note l'intonation et coche la bonne réponse à la question.
When Poppy says "Five hours?" and "Stores?", what does her intonation tell you?

☐ She is angry. ☐ She is surprised. ☐ She is happy.

c. Complète avec *some*, *any* ou *no*.

Poppy: Did they score ________ goals ?

Ben: There are ________ goals in baseball, Poppy!

Ben : We bought ________ hot dogs, ________ popcorn… We looked at the stores.

Poppy: Stores? You mean shops? At a sports ground? There aren't ________ shops at Wimbledon!

5 Recap! Utilise les mots suivants pour résumer le dialogue.

1. Emily and Poppy – shopping – downtown – jeans
2. Poppy – almost – an accident – because – the wrong way
3. Poppy – know – goals – baseball
4. Ben and Rafi – buy – popcorn – hotdogs
5. Poppy – surprised – stores – ballpark

____

____

____

____

____

Grammar news

▸ Observe et réfléchis.

A. Complète.

1. Poppy demande si les Phillies ont marqué des buts. Elle utilise le déterminant « ________ ».

2. Ben précise qu'il n'y a pas de buts au baseball. Il utilise le déterminant « ________ ».

Le verbe dans sa phrase est à la forme ________

3. Ben et Rafi ont acheté des hot dogs et du popcorn, mais ils ne disent pas en quelle quantité.

Ils utilisent le déterminant « ________ ».

4. Poppy indique qu'il n'y a pas de boutiques à Wimbledon. Elle utilise le déterminant « ________ ».

Le verbe dans sa phrase est à la forme ________

Conclusion

Some et any indiquent que l'on parle d'une ________

No indique ________

Some, *any* et *no* sont des déterminants quantifieurs.

B. Recopie les phrases du début du dialogue où Poppy utilise les mots *some* et *any*.

Read The terrified ghost

1 Les personnages de l'histoire.

1. Qui est le personnage principal ?
   Nom : ________ Mort en ________
2. Quel crime a-t-il commis ?
3. À quoi est-il condamné ?
4. Qui a acheté sa maison, Canterville Chase ?
   Nom : ________ Nationalité : ________
5. Croit-il à l'existence du fantôme ?
6. Qu'est-ce qui le montre ?

1 Le texte.

1. Réfléchis au titre de cette histoire. Que crois-tu qu'il va se passer ?
2. Combien de temps a-t-il fallu aux enfants pour s'endormir?
3. À quelle heure sont-ils allés se coucher ?
4. À quelle heure étaient-ils endormis ?
5. À quelle heure est sorti le fantôme ?
6. Comment est-il sorti de sa cachette
7. Recopie les expressions qui le décrivent.
8. À quoi se rapporte le pronom *she* ?
9. Cite la phrase où l'auteur cherche à prouver que le fantôme était vraiment effrayant.
10. Relève tous les mots que tu connais dans la seconde description.
11. À quoi le fantôme ressemblait-il ?
12. Déduis le sens du mot *shroud* et traduis-le en français :
13. Que se passa-t-il à minuit un quart ?
14. Imagine pourquoi (en français).

Write

Famous travellers from the past

1 a. Qu'est-ce qui pourrait rendre la lecture de ce texte plus facile?

____

Ajoute ou corrige tout ce qui manque dans le texte.

He was born in 1902 He was American He wanted to cross the Atlantic by plane His plane was called the Spirit of Saint Louis on May 20, 1927, in the morning, he left the east coast of america He had no parachute, no radio and the plane had no brakes* For food, he took five sandwiches with him He flew over the atlantic, then over england and the english channel At times he flew only ten feet above the sea He saw the lights of paris at 10 o'clock at night he was the first man to fly across the Atlantic alone Do you know his name

brakes = freins

b. As-tu deviné la réponse à la question à la fin ?

____

Analyse le paragraphe.

1. À quel temps est-il écrit ? ______________
2. Pourquoi ? ______________
3. Note les expressions de temps employées.

____

____

Your turn to write!

2 Lis les informations concernant Christophe Colomb. Écris une phrase par information.

Christopher Columbus (1451-1506).

____

- country of origin: Italy

____

- country of residence: Spain

____

- his goal: find a sea route to India

____

- three ships: the Niña, the Pinta and the Santa María

____

- departure: Spain, August 3rd, 1492

____

- arrival: the Caribbean Islands, October 11th,1492

____

- called the region "The Indies" ________________
- called the inhabitants "Indians" ________________

3 Écris un paragraphe sur un explorateur célèbre.

1. Choisis un explorateur et cherche des informations sur lui.
2. Prends des notes en utilisant le modèle proposé pour Christophe Colomb.
3. Écris une phrase par information.
4. N'oublie pas de poser une question pour terminer.
5. Vérifie la ponctuation de ton texte.
6. Décore ton texte.

English and French

■ **Lis les exemples et leur traduction en français. À quel temps français le prétérit anglais correspond-il ?** ________________

■ **Traduis en anglais les phrases suivantes.**

1. Nous sommes allés à Londres l'été dernier.

____

2. Nous avons visité le palais de Buckingham.

____

3. Mais nous n'avons pas vu la reine.

____

4. Elle était en Écosse. ________________
5. Elle devint reine d'Angleterre en 1953.

____

Project This is Philadelphia!

2 *Quiz*. Teste tes connaissances sur les États-Unis. Coche la bonne case.

1. The capital of the United States is

☐ a. New York City, NY. ☐ c. Washington, DC.

☐ b. Los Angeles, Ca. ☐ d. Chicago.

2. The N°1 football team in the USA is

☐ a. The Philadelphia Eagles. ☐ c. The Chicago Bears.

☐ b. The San Francisco 49ers. ☐ d. The Los Angeles Rams.

3. New York 's nickname is

- [ ] a. the Big Fruit.
- [ ] b. the Big Apple.
- [ ] c. the Giant Apple.
- [ ] d. the Big City.

4. The President of the United States lives and works in

- [ ] a. The White House, New York City.
- [ ] b. Mount Vernon, Va.
- [ ] c. Independence Hall, Philadelphia.
- [ ] d. The White House, Washington, DC.

5. The highest skyscraper in the United States is

- [ ] a. The Empire State Building, New York City.
- [ ] b. One, Liberty Place, Philadelphia.
- [ ] c. The Sears Tower, Chicago.
- [ ] d. The Chrysler Building, New York City.

6. The longest river in the United States is

- [ ] a. the Mississipi.
- [ ] b. the Colorado.
- [ ] c. the Missouri.
- [ ] d. the Yellowstone.

7. Disneyland is located in

- [ ] a. Southern California.
- [ ] b. New York state.
- [ ] c. Florida.
- [ ] d. Colorado.

8. The first president of the United States was

- [ ] a. Abraham Lincoln.
- [ ] b. John Fitzgerald Kennedy.
- [ ] c. George Washington.
- [ ] d. Franklin Delano Roosevelt.

5 Note les informations que tu voudrais présenter.

1. ______________________________
2. ______________________________
3. ______________________________
4. ______________________________

7 Prépare la bulle que tu vas recopier sur ton poster. Écris ici les raisons de ton choix.

I'd like to visit ______________________________

It's ______________________________

Écris les quatre légendes qui accompagneront les photos que tu as choisies.

1. ______________________________
2. ______________________________
3. ______________________________
4. ______________________________

ÉVALUE-TOI !

Lexique

1. J'écris les noms dont je me souviens.

transports	petit déjeuner : plats	petit déjeuner : boissons
1. ____________ 2. ____________ 3. ____________ 4. ____________	1. ____________ 2. ____________ 3. ____________	1. ____________ 2. ____________ 3. ____________

2. Je complète les tableaux.

Base verbale	prétérit
have	
	ate
do	
take	
	left
catch	

Base verbale	prétérit
	was/were
read	
	drank
go	
	flew
ride	

☺ J'ai retenu. 😐 Je dois encore apprendre. ☹ Je n'ai pas encore acquis.

Grammaire

1. J'ai compris comment s'exprimer au passé.

Avec les mots *the Indians, attack, the train*

- j'écris une phrase affirmative : ____________________
- j'écris une phrase négative : ____________________
- j'écris une phrase interrogative : ____________________

2. Je sais utiliser *some, any* et *no*.

Je complète les phrases (un seul mot par phrase).

- Would you like __________ tea?
- I don't want __________ sugar, thank you.
- There isn't __________ milk in the fridge.
- I'm sorry, there are __________ bananas left.

☺ J'ai compris. 😐 Je dois revoir. ☹ Je n'ai pas encore compris.

Connaissances culturelles

1. Je me souviens de 2 lieux célèbres à New York et 1 lieu célèbre à Philadelphie.

1. ____________________

2. ____________________

3. ____________________

☺ J'ai retenu. 😐 Je dois encore apprendre. ☹ Je n'ai pas encore acquis.

Expression écrite

J'imagine le récit de mon voyage et je l'écris sur une feuille séparée sous forme d'un paragraphe. (Indique la date et le lieu de départ, le moyen de transport, tes activités pendant le voyage, la date et le lieu d'arrivée.)

☺ Je suis capable. 😐 Je suis presque capable. ☹ Je ne suis pas encore capable.

Expression orale

- ☐ Je sais discuter en anglais de ce que j'ai fait le week-end dernier.
- ☐ Je sais commander un repas au restaurant.
- ☐ Je peux raconter mes vacances.
- ☐ Je peux raconter ce que je prends d'habitude au petit déjeuner.

Compréhension orale

☺ Je comprends presque tout. 😐 Je comprends un peu. ☹ J'ai du mal à comprendre.

CHAPTER 2

Living in America

LESSON 1
Visiting an American middle school

Listen, learn and practise

2 Coche sur le plan les salles de classe dont parle le principal.

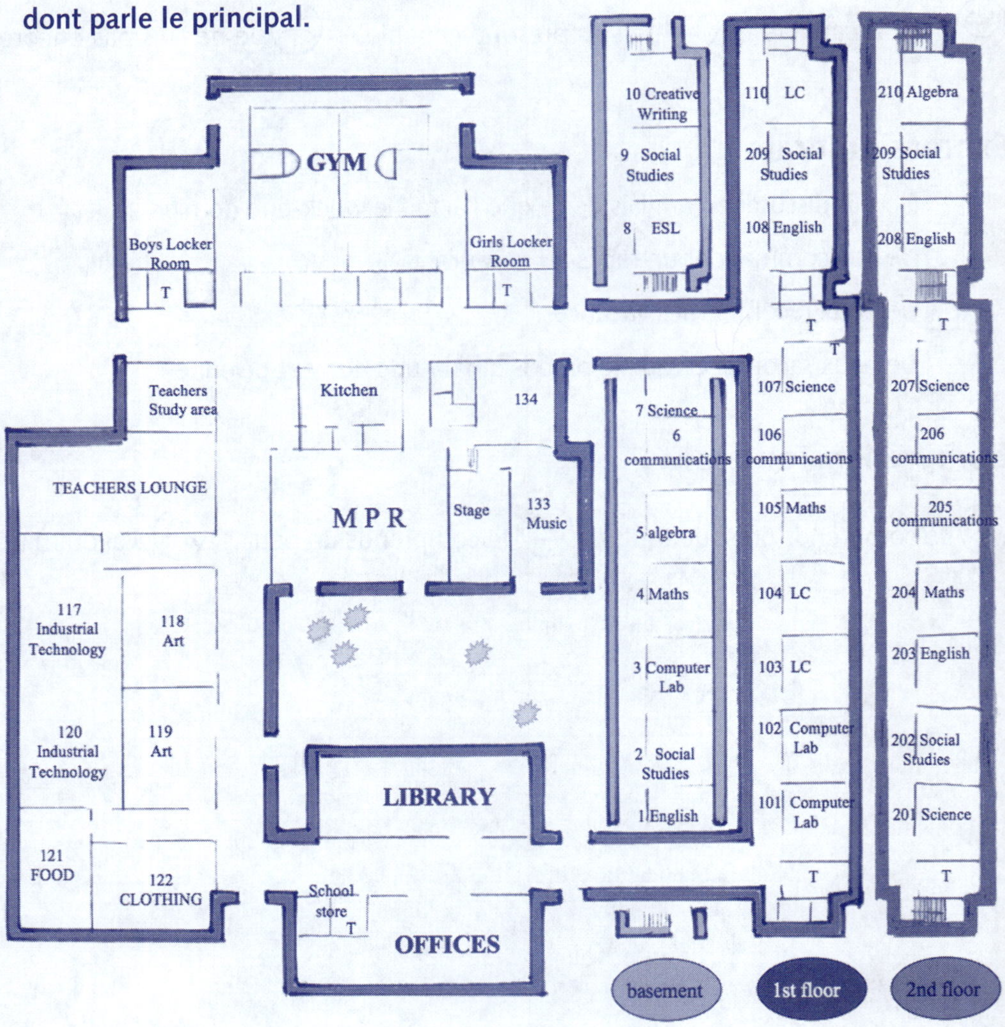

4 a. Écris une definition ou trouve un mot.

a place where you can study and borrow books	
	the music room
a place where teachers can relax and discuss	
	the cafeteria
a place where you can surf on the Internet	
	the art room
a place where administrators work	

b. Trouve les mots anglais correspondant aux mots français suivants.

la salle polyvalente ______________________

la bibliothèque/CDI ______________________

la salle informatique ______________________

la salle de permanence ______________________

la salle des professeurs ______________________

l'éducation civique ______________________

5 Trouve d'autres exemples.

____

____

6 Décris ton collège.

____

____

____

____

The sound of English

1 Souligne la syllabe accentuee, réécoute et corrige-toi.

- government • creative writing • communication • geography • history
- industrial technology

2 [ɪ] or [aɪ] ? Coche ce que tu penses, puis écoute pour vérifier.

	library	tennis	Spanish	kitchen	music	behind	gym	science	visit
[ɪ]									
[aɪ]									

3 Dictée.

____

____

____

____

____

LESSON 2

A day at Green Valley Middle School

Listen and understand

2 Écoute le dialogue et numérote les images dans l'ordre ou tu les entends.

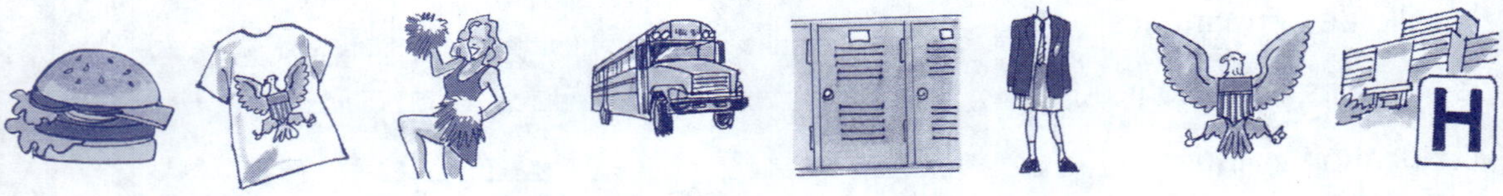

☐ ☐ ☐ ☐ ☐ ☐ ☐ ☐

3 a. Écoute et complète les phrases.

1. Emily goes to school by ____________
2. Her mom doesn't ____________ her to school.
3. The students don't wear a ____________ at this school.
4. Emily says she is proud of their ____________
5. She ____________ wears a school T-shirt.
6. She ____________ wears one at ____________

b. Complète avec *do, don't, does, doesn't* et les bases verbales suivantes.

• *work* • *take* • *wear* • *have* • *know*

Jessica: ____________ you ____________ the school bus every morning?

Emily: Yes, I ____________. Mom ____________ time to drive me to school.

She ____________ at the hospital, you ____________

Jessica: And you ____________ a uniform.

Emily: No, we ____________. Not at this school. But we ____________ school T-shirts.

c. Conclusion : coche la bonne réponse.

Les filles parlent de ☐ ce qu'elles font maintenant. ☐ ce qu'elles font d'habitude.

4 Écoute et complète les phrases et/ou coche la bonne case.

The announcement

1. Today is ______________

2. Don't forget the auditions for ______________ this afternoon on the football ground.

Tyler's locker

3. When Greg sees Tyler's locker, he is ☐ surprised ☐ unhappy ☐ not surprised.

4. There are a lot of ______________ on the door of the locker.

5. Tyler's favourite sport is ☐ baseball ☐ soccer ☐ basketball.

Lunch

6. Do American students have lunch boxes? ☐ Yes, they do. ☐ No, they dont.

7. They have lunch ☐ in a restaurant ☐ at home ☐ at the school cafeteria.

8. What do they have for lunch? ☐ They always have hamburgers.
☐ They sometimes have pizza. ☐ They never have French fries.

5 Utilise les mots suivants pour résumer le dialogue.

1. Emily – go – bus – because – mom
2. They – wear – uniforms – school
3. They – proud of – eagle – because – mascot
4. Tyler – favourite – basketball – photos – locker
5. Tyler – lunch box – cafeteria.
6. Americans – always – hamburgers – lunch
7. Tyler – pizza – French fries – lunch

____

____

____

____

____

____

____

Grammar news

▶ Observe et réfléchis.

A. Classe les formes verbales que tu as relevees à l'exercice 3.

Forme affirmative/base verbale	Forme interrogative	Forme négative

B. Entoure les adverbes de fréquence.

1. *She always wears a school T-shirt.*
2. *You never wear a school T-shirt.*
3. *What do you usually have for lunch?*

Conclusion
En général, l'adverbe se place entre le ____________________ et le ____________________

C. Traduis les adverbes de fréquence en anglais.

toujours	habituellement	souvent	parfois	rarement	jamais

Conclusion
Le présent simple associé à un adverbe de fréquence sert à parler d'une action ____________________

Your turn to speak!

6 Interroge un camarade sur ses habitudes. Prépare une grille de questions, sur ce modèle.

Name: ____________________

activity	yes	no	How often?
go to school by bus			

LESSON 3

American symbols and celebrations

Listen! A culture flash

1 Écoute et coche ce que tu entends.

1. The emblem of The USA is… ☐ a small bird. ☐ a buffalo. ☐ an eagle.
2. The eagle is a symbol of… ☐ long life. ☐ cruelty. ☐ majesty.
5. It is called the bald eagle because on its head…
☐ it has got no feathers. ☐ it's has got a white spot.

Find out about...

2 Observe le drapeau américain sur le document et complète.

1. The colours of the American flag are ______________________________

2. The ______________ stars represent the ______________ States of America.

3. The ______________ stripes represent the first ______________ colonies that became independent on July 4th, 1776.

4. The US flag is called the S _ _ _ _ and S _ _ _ _ _ _ .

3 a. Complète.

1. Date : ______________

2. Événement célébré : ______________

3. Début des festivités : ______________

4. Fin des festivités : ______________

b. Traduis.

Schedule of events = ______________________________

c. Trouve...

1. deux moments où il est question de repas.

______________________________ ______________________________

2. deux moments où il est question du drapeau.

______________________________ ______________________________

3. deux activités familiales.

______________________________ ______________________________

d. Retrouve les mots anglais qui signifient...

1. des feux d'artifice = ______________ 3. un concours = ______________

2. un défilé = ______________ 4. une scène/une estrade = ______________

Act out!

4 Lis a voix haute l'interview d'un Americain sur le 4 juillet.

UK student: Do you celebrate the 4th of July every year?
US student: Yes, we do.
UK student: What do you celebrate?
US student: We celebrate Independence day. We also call it National Flag day.
UK student: Does the President make a speech on TV?
US student: No, he doesn't.
UK student: How do you celebrate Independence Day?
US student: With music, fireworks, balloons, parades,... all sorts of things.

LESSON 4

Everything is bigger here!

Listen and understand

2 Écoute le dialogue. Concentre-toi sur les trois questions de Mr Hartman et les réponses de Rafi et Poppy.

1. Que veut-il savoir ?

____

2. Quels mots te l'indiquent ?

____

3. Que répondent Poppy et Rafi ?

____

3 a. Dans la première partie, numérote dans quel ordre Rafi parle des éléments suivants.

b. Écoute, répète et coche ce que tu entends.

Everything's ☐ big ☐ bigger here. The buildings are ☐ tall ☐ taller, the streets are ☐ wide ☐ wider, even the cars are ☐ wide ☐ wider... and ☐ long ☐ longer too.

c. Que pensent Rafi et Greg ? Coche la bonne case.

1. Rafi veut dire que ☐ tout est grand ici. ☐ tout est plus grand ici.
2. Rafi préfère ☐ la Grande-Bretagne. ☐ les États-Unis.
3. Greg ☐ partage l'opinion de Rafi ☐ n'a pas le même avis que Rafi.

d. Conclusion : complète la phrase.

Rafi et Greg ____________________ la vie aux États-Unis et la vie en Grande-Bretagne.

4 Écoute, répète et complète. Utilise la forme comparative des adjectifs (le suffixe « -er » ou *more*) et *than*.

Mr Hartman: American cars were much ________________ in the past.

Rafi: Well your car is ________________ comfortable ________________ our car at home.

Mr Hartman: What's your favourite thing about the USA, Rafi?

Rafi: Er, baseball, I think. It's really exciting – much __________exciting __________ cricket!

5 **Écoute la conversation avec Mr Hartman, Poppy, Rafi et Greg et complète les deux tableaux avec les adjectifs suivants, comme dans l'exemple.**

• *small* • *smaller* • *expensive* • *more expensive* • *cheap* • *cheaper* • *good* • *better* • *big* • *bigger* • *large* • *larger*

in England	comparatif de supériorité	adjectif d'origine
jeans	*more expensive*	*expensive*
CDs		
houses		

in the USA	comparatif de supériorité	adjectif d'origine
a lot of things		
restaurants		
hamburgers		
kitchens		

6 **Recap! Utilise ces mots pour résumer le dialogue.**

1. Mr Hartman – ask – the children – about – their time – the States
2. Rafi – say – the buildings – tall – the streets – wide
3. He – say – American cars – wide – long – comfortable
4. Greg – disagree – say – not long – a Jaguar – a Mercedes
5. Rafi – think – baseball – exciting – cricket
6. Poppy – say – jeans – CDs – expensive – in England
7. Rafi – Greg – think – American hamburgers – English hamburgers

____

____

____

____

____

____

Grammar news

▸ Observe et réfléchis.

A. Complète.

1. *"Everything's bigger here. The buildings are taller the streets are wider even the cars are wider... and longer too!"* Rafi a ajouté le suffixe __________ aux adjectifs car il fait une __________________

Conclusion

Pour les adjectifs courts, on ajoute le suffixe __________

2. "Your car is more comfortable than our car." Pour cette comparaison, Rafi a ajouté le mot __________ devant l'adjectif ____________________________

Conclusion

Pour les adjectifs de plus d'une syllabe, on ajoute le mot __________ devant __________

3." American cars are not longer than a Jaguar or a Mercedes."

- Quel est le premier élément de la comparaison ? ____________________________
- Quel est le deuxième élément de la comparaison ? ____________________________
- Par quel mot est-il introduit ? ____________________________

Conclusion

Pour introduire le deuxième élément de la comparaison, j'utilise le mot ____________________________

4. *"American hamburgers are much better than English hamburgers."*

Le comparatif de supériorité de l'adjectif good est ____________________________

5. Regarde dans ton livre p. 37. Quel est le comparatif de supériorité de l'adjectif *bad* ?

____

B. Relis le dialogue et recopie...

1. ... trois autres phrases avec des adjectifs courts au comparatif de supériorité.

____

____

____

2. ... deux autres phrases avec des adjectifs longs au comparatif de supériorité.

____

____

____

____

Read

Terrified by... a ghost

1 Première lecture.

1. Combien de fantômes y a-t-il dans cet extrait ? ____________________________

2. Note les mots (pronoms, adjectifs possessifs, noms propres) qui se rapportent au fantôme de Sir Simon. ____________________________

____

____

3. Note les mots qui se rapportent à l'autre personnage.

Que remarques-tu ? ____________________

____

2 Relis la première partie du texte (jusqu'à *ran*, l. 12).

1. Qui Sir Simon a-t-il rencontré ? ____________________
2. Identifie les trois phrases qui décrivent ce qu'il a vu (lignes ______ à ______).
3. Quels sont les éléments qui rendent ce personnage inquiétant ? ____________________

____
4. Que tient-il ? ____________________
5. Comment réagit Sir Simon? Pourquoi?____________________

____

____

3 Relis la deuxième partie du texte (jusqu'à *end*).

1. Où Sir Simon s'est-il réfugié ? ____________________
2. Quelle pensée lui permet reprendre courage ? ____________________

____

4 Relis la dernière partie du texte.

1. Note la phrase qui indique ce que découvrit Sir Simon le lendemain matin.

____
2. Like signifie « comme ». À quoi l'autre fantôme est-il comparé ? ____________________
3. Que fit alors Sir Simon et que se passa-t-il ? ____________________

____

____
4. Que restait-il du fantôme ? ____________________
5. Qu'est-ce qui a permis à Sir Simon de comprendre ce qui s'était passé, et qu'a-t-il compris ?

____

____
6. À ton avis, qui se cachait derrière le deuxième fantôme ? Quelle était leur intention ?

____

____

____

Write

Writing an email

1 Complete le courriel en mettant les verbes aux formes convenables.

Présent : *be* (x 2), *wear* (x 2), *work*.

Passé : *arrive, be, buy, meet, go* (x 2), *see, take* (x 2), *visit*.

> Hi Peter!
>
> I ________ in London last Thursday. I'm staying with Anna and her family. They ________ very nice. Her father ________ a dentist and her mother ________ in a bank. I ________ very tired on Friday so I ________ out. On Saturday, we ________ Madame Tussaud's. It's a fantastic wax museum with a lot of famous people. On Sunday, they ________ me to the Tower of London where I ________ the Crown Jewels and the ravens. (The ravens are horrible!) I ________ a lot of photos! Then yesterday I ________ to school with Anna and I ________ all her friends. They all ________ uniforms at her school. Anna says she doesn't mind, but I'm glad we ________ uniforms in the States! I ________ a present for you on Saturday – it's a surprise!

2 Note dans cette grille ce que tu te rappelles sur les États-Unis et sur la vie des jeunes Américains.

CHAPITRE 1	CHAPITRE 2
Sport	School
Food	Food
Monuments	Cars, cities

3 Écris un courriel. Quel temps dois-tu utiliser ?

1. pour parler de la vie des jeunes américains : ________________
2. pour raconter une expérience passée : ________________

____

____

____

English and French

■ **a. Traduis les phrases.**

1. She arrived in London.

____

2. Anna's mother works in a bank.

____

3. The family took her to the Tower of London.

____

4. Sandra went to Anna's school.

____

5. The students wear uniforms at Anna's school.

____

6. They don't wear uniforms in the States.

____

■ **b. Que remarques-tu ?**

____

____

____

Project

The brands they love

1 Quel produit va avec quelle photo ? Inscris le bon numéro dans chaque case.

☐ sneakers ☐ a fizzy drink ☐ dolls ☐ cameras ☐ computers ☐ planes ☐ cars

2 Écris au bon endroit sur la carte (pages 34-35) le nom de chaque société (ou son logo) ainsi que le nom de l'État correspondant.

4 Écris deux ou trois phrases sur une marque américaine, sans en citer le nom. Puis recopie les phrases sur une fiche/carte.

____

____

____

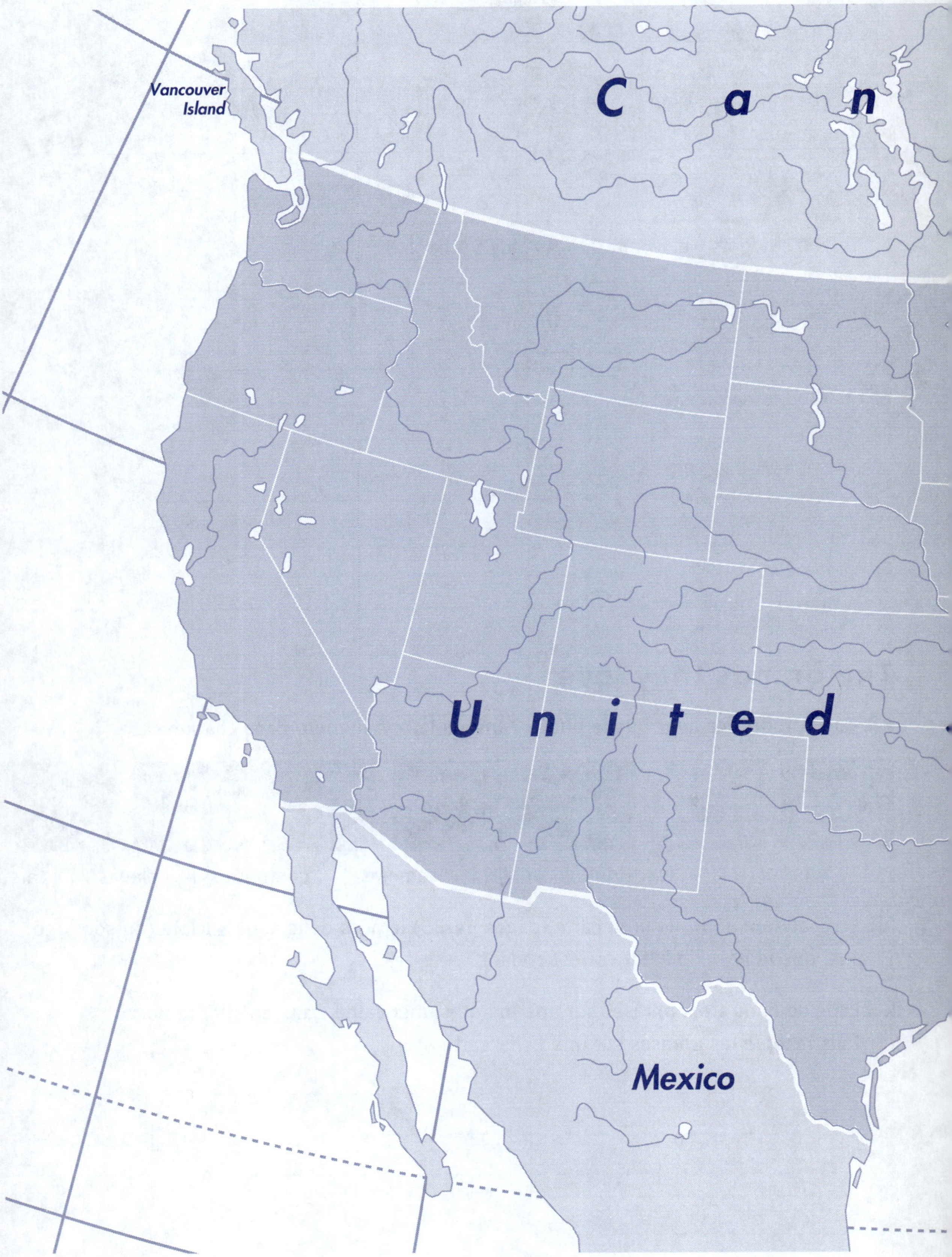
Vancouver Island
C a n
U n i t e d
Mexico

d
a
Newfoundland
a
t
e
s
Bahamas
Cuba

ÉVALUE-TOI !

Lexique

1. J'écris les noms dont je me souviens.

prépositions/expressions de lieu	matières scolaires	salles/pièces (dans un collège)
1. ______	1. ______	1. ______
2. ______	2. ______	2. ______
3. ______	3. ______	3. ______
4. ______	4. ______	4. ______

2. Je traduis.

- oublier ______
- faire visiter ______
- souvent ______
- jamais ______
- parfois ______
- toujours ______

3. Je complète avec une préposition.

- *He works ______ the hospital.*
- *She drives them ______ school.*
- *I help ______ the housework.*
- *He helps ______ the house.*

☺ J'ai retenu. 😐 Je dois encore apprendre. ☹ Je n'ai pas encore acquis.

Grammaire

1. J'ai compris comment exprimer une habitude au présent.

Avec les mots suivants : *students, uniforms, wear*

- j'écris une phrase affirmative : ______
- j'écris une phrase négative : ______
- j'écris une phrase interrogative : ______

2. Je sais utiliser les adverbes de fréquence.

Je remets les mots dans l'ordre.

- *Emily / the bus / takes / always / to school*

______

- *Ben / baseball / not / matches / go / often / to / does*

______

3. J'ai compris comment faire une comparaison de supériorité. Je complète les phrases.

- *London ______ Paris. (big)*
- *The Empire State Building ______ the Eiffel Tower. (tall)*
- *Rafi thinks baseball ______ cricket. (exciting)*

☺ J'ai compris. 😐 Je dois revoir. ☹ Je n'ai pas encore compris.

Connaissances culturelles

1. Je me souviens de deux matières scolaires aux États-Unis que je n'étudie pas au collège.

1. ______________________ 2. ______________________

2. Je me souviens des symboles et des fêtes américaines.

- L'oiseau qui symbolise l'Amérique est ______________________
- La date de la Fête nationale américaine est ______________________
- La Fête nationale américaine s'appelle ______________________

☺ J'ai retenu. 😐 Je dois encore apprendre. ☹ Je n'ai pas encore acquis.

Expression écrite

Je peux décrire mon collège et le comparer à Green Valley Middle School.

J'écris un paragraphe sur une feuille séparée.

☺ Je suis capable. 😐 Je suis presque capable. ☹ Je ne suis pas encore capable.

Expression orale

- ☐ Je sais interroger un camarade sur sa vie quotidienne.
- ☐ Je sais comparer ses habitudes aux miennes.
- ☐ Je peux raconter comment se passe un jour de semaine.
- ☐ Je peux comparer un jour de semaine avec un jour de week-end.

Compréhension orale

☺ Je comprends presque tout. 😐 Je comprends un peu. ☹ J'ai du mal à comprendre.

CHAPTER 3

Teenagers at work

LESSON 1 A London street

Listen, learn and practise

3 a. Les métiers. Complète ce tableau avec le nom du métier ou sa définition.

Job	Description
	She stops the traffic for schoolchildren.
a bus driver	
	He delivers the mail.
a newsagent	
a grocer	
	He works for the police force.
a gardener	
	He drives a van and delivers things to shops.

4 a. Retrouve la base verbale de ces formes en *–ing*.

forme in *-ing*	base verbale
coming	
crossing	
delivering	
driving	
getting	
going	
hurrying	
opening	

forme in *-ing*	base verbale
running	
stopping	
sweeping	
taking	
waiting	
walking	
watching	

b. Classe-les (1, 2, 3 ou 4).

1. La base verbale se termine par -e : ______________________

2. La base verbale se termine par -y : ______________________

3. La base verbale comporte une seule syllabe terminée par une seule consonne :

____

4. Toutes les autres : ______

c. Observe le dessin sur la page de droite et lis les phrases. Corrige quand la description est fausse. Quand elle est juste, écris *Right*.

1. A woman is going into the internet café.
2. The grocer is getting ready for the day.
3. The delivery man is getting into his van.
4. The woman in the green jacket is getting off a bus.
5. The lollipop lady is stopping the traffic.

The sound of English

1 Coche la diphtongue que tu entends.

	1.	2.	3.	4.	5.	6.	7.	8.	9.	10.
[əʊ]										
[aɪ]										
[eɪ]										

2 Présent simple ou present en *be* + V-*ing* ? Coche ce que tu entends.

	présent simple	présent en be + V-ing
1.		
2.		
3.		
4.		
5.		
6.		

3 Dictée.

LESSON 2 Looking for a job

Listen and understand

2 a. Ecoute le dialogue et numérote les images dans l'ordre ou tu les entends.

 ☐

 ☐

☐ advertisement

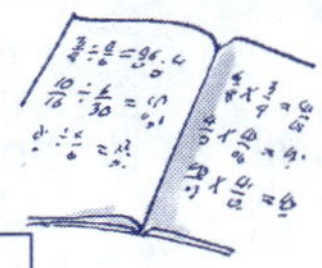 ☐

b. Qui dit quoi ? Complète la grille.

	I need some help.	Can you help me?	I'm busy.	Can't you see I'm busy?
Luke				
Poppy				
Mrs Benson				
Mr Benson				

c. Réponds aux questions.

1. Who is worried? ____________________ 2. Who is polite? ____________________

3. Who is irritated? Why? ______________________________________

3 a. Réécoute Luke et sa mère, et complète les phrases.

1. Luke is ____________________ for ____________________
2. He is trying to ____________________ an advertisement.
3. He isn't happy with his ____________________
4. He asks his mother for ____________________
5. His mother doesn't help him because ____________________ in the ____________________
6. His Dad is busy too. He is in ____________________

b. Complète avec les verbes au présent en *be* + V-*ing*.

Luke: Mum, Can you help me please? I ____________________ ([be] trying) to write an advert.

Mum: Sorry Luke, not now. I ____________________ ([be] cooking) the dinner. You know Greg and his family ____________________ ([be] coming)

Luke: But Mum…

Mum: No, Luke. I'm busy!

Luke: Oh Mum, you're always busy! You never have time! Come on, this is urgent.

Mum: So is dinner! Look, go and ask Dad.

Luke: OK. Where is he?

Mum: In the garden. He ____________________ ([be] cutting) the grass.

c. Conclusion : coche la bonne réponse.

Luke, Mrs Benson et Mr Benson parlent de ce qu'il font…

☐ d'habitude. ☐ au moment où ils parlent.

4 Réécoute Luke, son père et Poppy. Complète les phrases.

Luke ____________________ (say) he needs some ____________________

Mr Benson ____________________ (say) he ____________________

Luke feels ____________________ cares.

Poppy asks Luke for ____

Luke shouts at Poppy. He says ____

5 Utilise les mots suivants pour résumer le dialogue.

1. Luke – try – write – advert – difficult
2. His mother – can't – help – now – busy – cook
3. His father – busy – too – cut – grass
4. Poppy – need – help – homework
5. Luke says – can't – because – busy

____

____

____

____

____

Grammar news

▸ Observe et réfléchis.

A. Classe les formes verbales que tu as relevées dans le dialogue.

Présent en *be* + V-*ing*	Présent simple
1.	1.
2.	2.
3.	3.
4.	4.
5.	5.

B. Complète et réponds aux questions.

1. Lorsque Luke essaie d'écrire sa petite annonce, il se présente comme un adolescent qui aime les animaux (…*who likes animals*). Il emploie le présent ____________________

2. Lorsqu'il demande à sa mère de l'aider, elle lui dit ce qu'elle fait au moment où elle lui répond.

Elle dit : *I'm busy. I'm cooking*. Elle emploie le présent en ____________________

3. *You never have time.* Quel temps Luke emploie-t-il ? ____________

Pourquoi ? ____________

4. *He is cutting the grass.* Quel temps emploie la mère de Luke pour parler de ce que fait son mari ?

____

Pourquoi ? ____________

Conclusion

On emploie le présent simple pour parler d' ____________

On emploie le présent en *be* + V-*ing* pour parler de ce qu'on fait ____________

LESSON 3

Making and spending money

Listen! A culture flash!

1 Relie les devises à leur symbole et aux pays ou elles sont utilisées.

		USA
		Canada
dollars	€	Australia
euros	$	United Kingdom
pounds	£	The Republic of Ireland
		France

Find out about...

2 D'où vient l'argent de poche d'Amanda et de Morgan ? Coche les bonnes cases et réponds aux questions.

1. Amanda a de l'argent de poche… ☐ grâce à ses parents. ☐ en travaillant.
2. Quel travail fait-elle ? ____________
3. À quel âge a-t-elle commencé ? ____________
4. Morgan a de l'argent de poche… ☐ grâce à ses parents. ☐ en travaillant.
5. Quel travail fait-elle ? ____________
6. À quel âge a-t-elle commencé ? ____________

3 a. Les personnages. Complète.

Les personnages représentés sur les pièces et billets américains sont tous ____________

____

Souviens-toi… Le personnage représenté sur les billets et pièces britanniques est

____

b. Les symboles. Complète.

Sur les pièces et billets américains, je reconnais ______________________ .

Sur les pièces et billets anglais, je me souviens des symboles de la royauté :

____

c. Complète ce tableau sur les pièces américaines.

a penny	a nickel	a dime			
			25 cents	50 cents	100 cents

4 a. Calcule ces sommes d'argent.

1. ($1, 25¢, 1¢) ______________________
2. (2 x 50¢, 10¢) ______________________
3. (10¢, 2 x 25¢, 15¢) ______________________
4. (5¢, 25¢, 50¢) ______________________

b. Rends la monnaie !

Un jeune américain vend trois objets à des amis qui n'ont que des billets. Voici les pièces dont il dispose pour rendre la monnaie.

1 x $1   3 x 50¢   3 x 25¢   4 x 1¢

Voici le prix de chaque objet. Indique quelles pièces il va utiliser pour rendre la monnaie. Complète le tableau.

price	money received	change
$8.75	$10 bill	
$4.99	$5 bill	
25c	$1 bill	

Combien d'argent a-t-il maintenant ? ______________________

Act out!

5 Lis a voix haute le dialogue.

A: In the USA, this laptop computer costs $950. How much is that in euros?

B: That's 730 euros. How much is it in the UK?

A: I think it's £750. How much is that in euros?

B: Let me see. £750, that's 1,136 euros. It's more expensive in the UK!

6 Calcule les prix en euros et complète le tableau.

Pour connaître le taux de change du jour, consulte The Universal Currency Converter :

http//:www.xe.com. $1 = ________ euros. £1 = ________ euros.

	pair of jeans	DVD	computer game	sports shoes
price in dollars	32.99	25	20	85
equivalent in euros				
price in pounds	48.50	49.99	18	95
equivalent in euros				

LESSON 4 Luke's got a job!

Listen, learn and practise

2 Écoute le dialogue et numérote les images dans l'ordre où tu les entends.

☐  ☐  ☐  ☐ 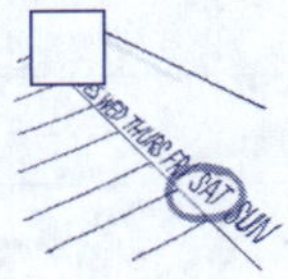 ☐  ☐ 

3 a. Réécoute le dialogue et complète les phrases.

1. Luke has got a job at ____________________
2. He is going to work on ________________ from ____________ to ___________
3. He is not going to ____________________ motorbike.
5. His job: cleaning ____________, serving ________________, taking ____________
6. He's going to earn £ ________ an hour. (That means £________ every Saturday.)
7. He's also going to ____________________ tips and ____________________ pizzas.

b. Complète avec *be going to* + *be*, *work*, *earn* ou *do*.

Luke: I ______________________ at Speedy Pizza. It's in the High Street.
I ______________________ there on Saturdays from 11 to 4.

Mum: Doing what? Not delivering pizzas on a motorbike, I hope.

Luke: No, worse luck! I ______________________ in the restaurant. You know: cleaning the tables, serving the pizzas, maybe taking the orders too.

Mum: How much ______________________ ?

Luke: £5.35 an hour plus tips. And we get free pizzas!

Poppy: And what ______________________ with all your money?

Luke: I don't know yet.

c. Réécoute la fin du dialogue et complète les phrases.

Mum: When ______________________ ?

Luke : Next Saturday.

Mum : No, you ______________________ right now! Take these plates and lay the table, please. You need some training!

Luke: All right, Mum.

d. Conclusion : complète les phrases.

• Pour parler de son futur petit boulot, Luke et sa mère emploient ________________
C'est la forme verbale qui indique que c'est l'intention de Luke. C'est la décision qu'il a prise avant d'en parler à sa mère.

• Pour l'interroger sur le jour où il va commencer, Mrs Benson emploie ______________
______________________ Luke a convenu de cette date à venir avec son employeur.

4 a. Utilise les mots suivants pour résumer le dialogue.

1. Luke – excited – because – job
2. He – work – Speedy Pizza – Saturday – 11– 4
3. He – not deliver – but – serve pizzas – clean tables – take orders
4. He – £5.35 – tips – free pizzas

____

____

____

____

Grammar news

▸ Observe et réfléchis.

A. Observe les formes des verbes que tu as utilisées pour compléter le dialogue (exercice 3B).

1. Quels sont les deux éléments que tu reconnais à chaque fois ? ______________________

____

2. Qu' expriment ces formes ? Coche la bonne case.

☐ des actions qui ont lieu en ce moment ☐ des actions qui vont se réaliser plus tard

Conclusion

L'expression *be going to* s'utilise pour :

☐ une action habituelle ☐ une action en train de se dérouler ☐ une action qui va se réaliser

B. Observe les deux phrases suivantes.

I'm going to work at Speedy Pizza. *I'm starting next Saturday.*

1. Entoure le verbe qui exprime une action dans chaque exemple.

2. Dans le premier exemple, le verbe est une ______________ précédée de ______________

3. Dans le deuxième exemple, le verbe est conjugué au présent en __________ + ____________

4. La réalisation de ces deux actions se situe dans ☐ le présent. ☐ le futur.

5. Quel mot l'indique dans la deuxième phrase ? ____________________

I'm going to work at Speedy Pizza : c'est l'intention de Luke.

I'm starting next Saturday : c'est ce qu'il a prévu de faire.

Conclusion

- *Be going to* s'emploie pour exprimer une décision déjà prise au moment où l'on en parle. C'est le futur d'intention.
- Le présent en *be* + V-*ing* peut s'utiliser :
  – pour une action se situant dans le ____________________
  – pour exprimer une action prévue d'avance dans un ____________________ proche.

Your turn to speak!

5 Prépare tes questions et note les réponses de ton camarade.

NAME: ____________________

	go shopping	play tennis				
YES						
NO						

Read Charlie wants a job

1 Lis l'introduction.

1. Relève les informations suivantes sur les personnages.

family relationship	name	age	the problem

2. Quelle décision prend Charlie ?

____

2 Lis la petite annonce.

1. Relève les deux qualités que Charlie met en avant dans son annonce :

a. ____________________ b. ____________________

2. Note l'adresse de Charlie et complète le tableau précédent avec son nom complet.

____

3. Rétablis dans les deux premières phrases de l'annonce l'article et le pronom sujet qui manquent.

____

____

3 Lis la suite du texte, puis complète et réponds aux questions.

1. Qui est Mr Raj ? ____________________

2. Identifie la phrase qui indique comment Mr Raj accueille l'idée de Charlie. Puis recopie les deux raisons avancées par Mr Raj.

a. ____

b. ____

3. Quels arguments emploie Charlie pour contredire Mr Raj ?

4. A la ligne 10, relève le repère temporel :

5. Lis l'exemple que donne Charlie et essaie d'en déduire le sens de *scrubbing* :

6. Pourquoi Charlie peut-elle citer cet exemple ? Qu'indique la forme *I'm doing…* ?

7. Pourquoi Mr Raj répète-t-il le mot *money* trois fois ? Que croit-il ?

8. Que regrette Charlie à propos du 9 travail scolaire ? Comment juges-tu Charlie ?

Write

Writing about yourself

1 Le correcteur d'erreurs indique dix erreurs dans ce courriel. Corrige-les. Écris les mots justes.

Your turn to write!

2 Presente cette photo de ton ami William.

Écris ta présentation en te servant du texte précédent comme modèle. Décris la photo. Sers-toi des informations pour ajouter à ta description des remarques plus générales sur William.

3 Prepare la description de ta photo.

1. Quel forme verbale vas-tu employer pour parler de ce qu'on voit sur la photo ?

2. Quel forme verbale vas-tu employer pour parler de tes habitudes ?

3. Tu peux utiliser la même grille que celle de William pour rassembler tes idées avant d'écrire.

Name ______ Age ______ School year ______
Sports ______ Hobbies ______
Interests ______ Dislikes ______
Pets ______ Odd job ______
Qualities ______ Defects ______

4 Écris ton texte : présentation de la photo et commentaire sur tes habitudes.

______
______
______
______
______
______

Project

The winter festivals they celebrate

1 Écoute chacun parler de la fete qu'il ou elle celebre et remplis les fiches.

Name: ______
City in England: ______
Country of origin: ______
Festival: ______

Name: ______
City in England: ______
Country of origin: ______
Festival : ______

Name: ______
City in England: ______
Country of origin: ______
Festival : ______

Name: ______
City in England: ______
Country of origin: ______
Festival : ______

Name: ______________________

City in England: ______________________

Country of origin: ______________________

Festival : ______________________

Find out about a festival!

1. Avec un(e) camarade, choisis une fête parmi celles qui sont évoquées dans ton manuel ou une autre que l'on célèbre dans un autre pays.

2. Cherche des informations sur cette fête : sers-toi des outils à ta disposition (dictionnaire, encyclopédie, Internet, CDI…). Reporte ces informations dans la fiche ci-dessous.

3. Mets en forme les informations sur une affiche et essaie de trouver des illustrations, des photos…

4. Présente cette fête à la classe en partageant la parole avec ta/ton camarade.

Worksheet	
Festival:	Country/countries:
Date:	Symbols:
Celebrated with the family? Celebrated outside?	Is there a legend or a story?
A typical meal:	A song:
A recipe:	A poem:

Word game

Retrouve tous les mots de la liste ci-dessous !

• Ramadan • Christmas • Hanukkah • Chinese New Year • Diwali • Lakshmi • goddess • festival • candle • celebration • pudding • present • meal • delicious • dancing • music • January • December • lion • miracle • winter • church • light • lamps • song • tree

A	R	R	M	I	R	A	C	L	E	C	B	T	U	L	A	V	I	T	S	E	F
H	A	N	U	K	K	A	H	G	N	I	D	D	U	P	C	H	U	R	C	H	S
I	M	H	S	K	A	L	R	D	L	M	O	I	Y	R	A	U	N	A	J	H	R
W	A	D	E	L	I	C	I	O	U	S	C	E	L	E	B	R	A	T	I	O	N
I	D	M	A	E	M	W	S	G	O	D	D	E	S	S	X	L	A	M	P	S	O
N	A	U	G	U	A	G	T	D	E	C	E	M	B	E	R	F	E	I	M	L	I
T	N	S	V	L	A	E	M	E	D	A	N	C	I	N	G	A	T	H	G	I	L
E	J	I	I	Q	Y	C	A	N	D	L	E	L	F	T	E	E	R	T	R	S	H
R	O	C	H	I	N	E	S	E	N	E	W	Y	E	A	R	O	D	S	O	N	G

ÉVALUE-TOI !

Lexique

1. J'écris les noms dont je me souviens.

métiers	activités (verbes)
1.	1.
2.	2.
3.	3.
4.	4.

2. Je connais des verbes + prépositions et leurs contraires.

verbe + préposition	contraire
get on a bus	
go into a café	
get into a car	
drive to work	

3. Je connais la forme en « -ing » des verbes.

- *come* ______________ • *walk* ______________ • *get* ______________
- *sit* ______________ • *drive* ______________ • *run* ______________
- *hurry* ______________ • *take* ______________

J'ai retenu. Je dois encore apprendre. Je n'ai pas encore acquis.

Grammaire

1. J'ai compris comment dire ce que je vois ou entends au moment où je parle.

Avec les mots suivants : *the man, run, to the bus stop*

- j'écris une phrase affirmative : ______________
- j'écris une phrase négative : ______________
- j'écris une phrase interrogative : ______________

2. J'ai compris comment exprimer ce qui va se passer.

Avec les mots suivants : *Luke, clean the tables, wash the dishes*

- j'écris deux phrases pour dire ce que Luke va faire à la pizzeria :

____

____

3. J'ai compris comment annoncer une action prévue d'avance.

Avec les mots suivants : *he, start, new job, next Monday*

- j'écris une phrase affirmative : ______________

☺ J'ai compris. 😐 Je dois revoir. ☹ Je n'ai pas encore compris.

Connaissances culturelles

1. Je me souviens du nom anglais des différentes monnaies.

En Angleterre : ______________ Aux États-Unis : ______________

Au Canada : ______________ En République d'Irlande : ______________

2. Je me souviens du nom de quelques pièces américaines.

- 10¢ = a ______________
- 5¢ = a ______________
- 25¢ = a ______________

☺ J'ai retenu. 😐 Je dois encore apprendre. ☹ Je n'ai pas encore acquis.

Expression écrite

Je peux décrire ce que j'ai l'intention de faire pendant les vacances de Noël.

J'écris un paragraphe sur une feuille séparée.

☺ Je suis capable. 😐 Je suis presque capable. ☹ Je ne suis pas encore capable.

Expression orale

- ☐ Je sais interroger un camarade sur ses projets de week-end.
- ☐ Je sais répondre « non » à quelqu'un qui m'interrompt alors que je suis occupé.
- ☐ Je peux dire ce que je vois dans la rue quand je vais au collège.
- ☐ Je peux raconter comment va se passer la fête de Noël à la maison.

Compréhension orale

☺ Je comprends presque tout. 😐 Je comprends un peu. ☹ J'ai du mal à comprendre.

CHAPTER 4

Water, water everywhere

LESSON 1 Down the River Thames

Listen, learn and practise

2 a. Écoute et complète la fiche d'information.

	feet/miles	metres/kilometres
1. Length of the River Thames		
2. Height of the Cotswold Hills		
3. Width of the river at Lyd Well		
4. Width of the river at the Round House		

b. Écris des phrases complètes.

1. The River Thames is ______________________________ wide.

2. ______________________________

3. ______________________________

4. ______________________________

3 a. Écoute et complète les noms sur la carte.

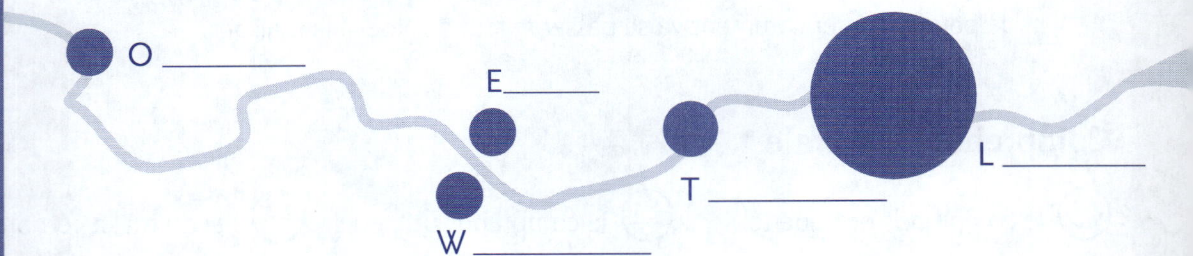

b. Complète la fiche d'information.

	feet/miles	metres/kilometres
Width of the river at Oxford		
Width of the river at Teddington		
Distance between Teddington and the North Sea		
Width of the river in London		
Width of the river at its mouth		

4 Écris tes questions sur la Tamise.

1. Measurements (How long is... ? How wide is ... ? How far is it from ... to ... ?)

____?

____?

____?

____?

2. The number of locks.______________________________?

3. Places of interest (What is ... famous for? How old ... ?)

____?

____?

____?

5 Relie chaque mot à sa définition ou description.

a lock	where the river flows into the sea
Oxford	where boats can move to a higher or lower level
Eton	a famous castle
the mouth	a famous public school
Windsor	where the Thames is wide enough for boats to pass
the Round House	low hills near the source of the Thames
the Cotswolds	a famous university

The sound of English

1 Tous ces mots transparents sont écrits en écriture phonétique. Écoute et note la place de l'accent en plaçant un petit trait vertical avant la syllabe accentuée, lorsque c'est nécessaire. Transcris-les ensuite en anglais.

[sɔːs] ______________________

[rɪvə] ______________________

[sɪtɪ] ______________________

[juːnɪvɜːsɪtɪ] ______________________

[ɒpəzɪt] ______________________

[kɒlɪdʒ] ______________________

[kɪlɒmɪtə] ______________________

2 Entoure l'intrus dans chacune de ces listes de mots. Écoute pour vérifier tes réponses.

1. grow, flow, low, narrow, now

2. source, house, out, mouth

3 Dictée.

____

____

____

LESSON 2 The fortune-teller game

Listen and understand

2 Écoute le dialogue et numérote les images dans l'ordre où tu entends les mots.

☐ ☐ ☐ ☐ ☐ ☐ ☐

3 a. Écoute et complète les phrases ou coche la bonne réponse.

1. It ____________________ outside so the children ____________________ at home.
2. Rafi wants to __________________ but Poppy is __________________ with the telly.
3. They decide to play ____________________
4. Rafi thinks the prediction about Greg is ☐ possible ☐ impossible.
5. When Rafi hears about his future, he feels ☐ enthusiastic ☐ irritated.
6. Poppy thinks the prediction about Rafi is ☐ possible ☐ impossible.
7. When Poppy hears about her future, she feels ☐ enthusiastic ☐ irritated.
8. Finally she decides to ____________________

b. Complète avec *'ll* ou *won't* et les bases verbales *be* et *travel*.

Greg: I've got a five. What does it say?

Poppy: Five? Mmm… you ______________ a sailor and you' ____________________ all over the world.

Rafi: He ____________________ a sailor. He gets seasick when he looks at a boat!

c. Conclusion : coche la bonne réponse.

1. Les enfants parlent de…

☐ ce qu'ils aimeraient faire plus tard. ☐ prédictions.

2. Rafi est…

☐ d'accord avec ces prédictions. ☐ pas d'accord avec ces prédictions.

4 Complète les phrases avec *'ll* et *won't*, ainsi que les bases verbales *be*, *earn*, *have* et les expressions suivantes.

• *rich* • *famous* • *an international pop star* • *millions* • *thousands of fans*

1. The game says Rafi ________________________________
2. Rafi imagines he ________________________________, he ____________________ and he ________________________________

3. Poppy doesn't think Rafi ____________________

4. The game says Poppy ____________________

5 Utilise les mots suivants pour résumer le dialogue.

1. rain – outside – so – the children – play – the fortune-teller game
2. The game – say – Greg – a sailor – travel – around the world
3. Rafi – say – Greg – a sailor – because – get seasick
4. The game – say – Rafi – rich and famous
5. Rafi – imagine – a pop star – earn – a lot of money – thousands of fans.
6. Poppy – not think – Rafi – a pop star – because – sing
7. Poppy – irritated – the game – say – rich – famous

____

____

____

____

____

____

____

Grammar news

A. Observe les formes des verbes que tu as utilisées pour compléter l'extrait du dialogue (exercice 3b).

1. Classe les formes verbales que tu as relevées.

formes affirmatives ____________________

forme négative ____________________

2. Entoure l'auxiliaire et souligne la base verbale..

Conclusion
À la forme affirmative, la forme contractée de l'auxiliaire *will* s'écrit ____________
À la forme négative, la forme contractée de *will not* s'écrit ____________

B. Réfléchis au sens.

1. Quel est le but du jeu ? ____________________

Conclusion
Pour parler de ce qui va se produire dans l'avenir, on emploie l'auxiliaire de modalité
____

2. Au début du dialogue, Poppy décide d'aller chercher le jeu. Elle dit la phrase suivante:
I'll go and get it. Entoure l'auxiliaire et souligne les bases verbales.

Conclusion
Pour exprimer une décision spontanée, on emploie l'auxiliaire de modalité ____________

Your turn to speak!

5 Prépare le bulletin météo.
Dessine 5 symboles et indique la température sur la carte à gauche, puis lis le bulletin météo à ton camarade.

6 Écoute le bulletin météo de ton camarade et dessine les symboles sur l'autre carte.

LESSON 3 The UK and the sea

Listen! A culture flash

1 Écoute et complète avec les nombres.

1. In the UK there are more than ______________ islands.
2. No place is more than ______________ km from the coast.
3. The coastline of the UK is ______________ km long.
4. The coastline of France is ______________ km long.

Find out about...

2 Observe la page web reproduite dans ton manuel et réponds aux questions.

1. Quel est le nom de l'organisme qui a réalisé cette page web ?

____

2. Quel est son but ?

____

3. Dans quel pays est-il basé ? ______________________________

4. Que propose cette page web pour la somme de £25 ?

- [ ] Adopt a pet turtle.
- [ ] Save marine turtles.
- [ ] Buy pictures about turtles.
- [ ] Learn facts about turtles.

3 Comprends les détails.

1. Retrouve dans le document les expressions correspondantes en anglais :

- espèce en voie de disparition ______________________________
- aidez-nous à sauver les tortues ______________________________
- collecter des fonds/de l'argent ______________________________
- dans le monde entier ______________________________

2. Sur quels liens faut-il cliquer pour…

- aller sur la page d'accueil du site ? ______________________________

- rechercher une information particulière ? ____________________
- participer à l'action de la MCS ? ____________________
- devenir membre de la MCS ? ____________________

4 Lis le contenu des deux liens reproduits dans ton manuel et trouve les informations suivantes.

Turtles in the UK

1. Combien d'espèces de tortue trouve-t-on dans les îles britanniques ? ____________
2. Relève le nom de l'espèce la plus commune (on la voit en été). ____________
3. Sachant que leather signifie « cuir », quel renseignement nous donne ce nom sur cette espèce de tortue ? ____________________
4. Elle se nourrit d'un animal marin appelé *jellyfish* en anglais. Décompose le mot pour trouver sa traduction en français. ____________________

Fundraising

5. Parcours le texte. Quelle couleur est répétée plusieurs fois ? ____________
6. Quels sont les deux noms de la fête célébrée le 8 Juin ?

- ____________________ • ____________________

7. Où célèbre-t-on cette fête? • ____________________

- ____________________ • ____________________

8. Comment s'habille-t-on ce jour-là ? ____________________
9. Que donne-t-on en échange pour la sauvegarde des tortues?

____

Act out!

5 Lis la devinette à voix haute.

A: Does it live in water?
B: Yes, it does.
C: Is it a fish?
B: No, it isn't
D: Is it a mammal?
B: Yes, it is.
A: Does it eat fish?
B: Yes, it does.
C: So, it lives in water. It isn't a fish. It's a mammal. It eats fish. Let me think...
D: Is it a dolphin?
B: Yes, it is!

6 Prépare ta devinette, puis joue avec tes camarades !

- Règle du jeu : n'utiliser que des *Yes/No questions* et des réponses courtes.
- Choisis d'abord un animal et coche ce qui le caractérise :

It lives	☐ in water	☐ in the sea	☐ in a river	☐ on land.	☐ It flies.
It's	☐ a bird	☐ a mammal	☐ a fish	☐ a reptile [ˈreptaɪl]	☐ an insect.
It eats	☐ meat	☐ fish	☐ insects	☐ fruit	☐ vegetables.

LESSON 4 Enter a TV competition!

Listen and understand

2 Numérote les mots et les expressions dans l'ordre ou tu les entends.

- ☐ 31st March
- ☐ Africa
- ☐ how to save water
- ☐ not a clue about
- ☐ explain your ideas
- ☐ help the environment
- ☐ thousands of children
- ☐ a chance of winning

3 a. Complète les phrases.

1. The presenter is talking about a ______________________
2. He asks the children if they want to ______________________
3. He wants their ideas about ______________________ water.
4. The winners will ______________ their ______________ on TV.
5. Then they'll ____________ to ____________ for ____________
6. In Africa, they'll ______________ if their ______________
7. Poppy would love to ______________________
8. Rafi says she won't ______________________ because she ______________________ about the environment.
9. Greg says he'll ______________________ but he thinks their ideas must be ______________________

3 b. Complète avec *if* ou *when* et les bases verbales *win, work, enter, go.*

Presenter: ____________ you ____________ the competition, you will explain your ideas on this programme and then you'll go to Africa for a month, and you'll see ____________ your ideas ____________ ! The competition ends on 31st March.

Poppy: Africa! Wow! I'd love to go there!

Rafi: You won't win the competition Poppy! You don't have a clue about the environment!

Poppy: Who says? Anyway, I bet Greg will help me ________ I ____________ the competition. You will help me, won't you, Greg?

Greg : Will I get a prize too, ____________ you ____________ ? [...]

Poppy: Oh thanks, Greg! Just think! ____________ I ____________ , I'll be on television! And ____________ I ____________ to Africa, I'll...

c. Surligne maintenant les formes verbales utilisées par le présentateur, Poppy, Rafi et Greg dans les propositions principales.

4 Réécoute Poppy, Rafi and Greg, puis reponds aux questions ou coche la bonne case.

1. Quelle est la date-limite de réponse au concours ? ....

2. Poppy a-t-elle une chance de gagner ? Qu'en pensent les garçons ? Qu'en pense Poppy ? Coche les bonnes cases et trouve une phrase qui justifie chaque réponse.

	optimistic	pessimistic	justify
Rafi			
Greg			
Poppy			

5 Utilise les mots suivants pour résumer le dialogue.

1. Today – presenter – *Newsround* – talk about – competition.
2. They – want – ideas – save water.
3. If - Poppy – win - she - explain – TV – go - Africa – see – ideas work
4. deadline – March – 31
5. Poppy – enthusiastic – need – ideas
6. Greg - want - prize – if – win

____

____

____

____

____

____

Grammar news

A. Classe les phrases que tu as complétées dans l'exercice 3b.

verbe après *if*	verbe après *when*	verbe de la proposition principale
1.		
2.		
3.		
4.		
5.		
6.		

Conclusion

Après *if*, le présentateur, Poppy et Greg emploient ______________________

Après *when*, Poppy emploie ______________________

Pour parler de ce qu'ils prédisent, ils emploient ______________________

B. Observe ces phrases, coche et complète.

1. *Water is a big problem. How to save water.* Le présentateur parle-t-il…

☐ de l'eau en général ? ☐ d'une eau particulière ?

2. Quand il dit *The competition ends on the 31st of March*, il parle…

☐ d'un concours précis. ☐ de concours en général.

3. Quand il parle de l'environnement de la terre qui est unique, il emploie

____

Conclusion

L'article défini *the* s'emploie pour parler de quelque chose d' ______________________

ou de ______________________

L'article zéro (ø) s'emploie pour parler de quelque chose de ______________________

Read Skinny

1 Observe la forme.

1. Regarde le titre et l'illustration. Penses-tu que tu vas lire un poème triste, lyrique, humoristique ?

____

2. Quelle est la forme de la première phrase ? ______________________

3. Quelle est la forme des phrases qui suivent ? ______________________

4. Quel est le pronom interrogatif de la première question ? ______________________

5. Que proposent les deux dernières phrases ? ______________________

____

2 Comprends le sens.

1. Quel est le surnom du personnage ? ______________________

2. Relève l'adjectif qui le décrit. ______________________

3. Quelle voyelle est répétée aux vers 1 et 2 ? Compare ce son et la silhouette du personnage.

____

4. Que faisait-il dimanche soir ?

____

5. Quel son est répété au vers 5 ? Qu'évoque-t-il ?

____

6. Qu'imitent les sonorités des vers 6 et 7 ?

____

7. Relis les vers 5 à 10. Numérote dans quel ordre les choses se sont passées.

☐ The water went down the drain. ☐ The plug came out. ☐ Skinny disappeared.

8. Que se demande le narrateur ? ____________________

9. Note les expressions qui ont le même sens.

in the sky = ____________________ underground = ____________________

10. Qu'observes-tu aux vers 13-14 et 15-16 ?

____

11. À ton avis, qu'est-il arrivé à Skinny ?

____

3 Maintenant, écoute le poème.

Write

When there is no water...

2 Observe dans ton manuel le diagramme qui montre les conséquences du manque d'eau et complète ce paragraphe.

If there is ____________________ in the kitchen, people can't ____________________. So there are ____________________ and ____________________. In the end people ____________________. Without water, people can't ____________________ so they don't eat ____________________. They have ____________________. In the end ____________________.

3 a. Complète-ce diagramme sur ce qui arrive si l'eau vient à manquer dans la salle de bains. Puis écris les phrases correspondantes.

NO WATER IN THE BATHROOM...

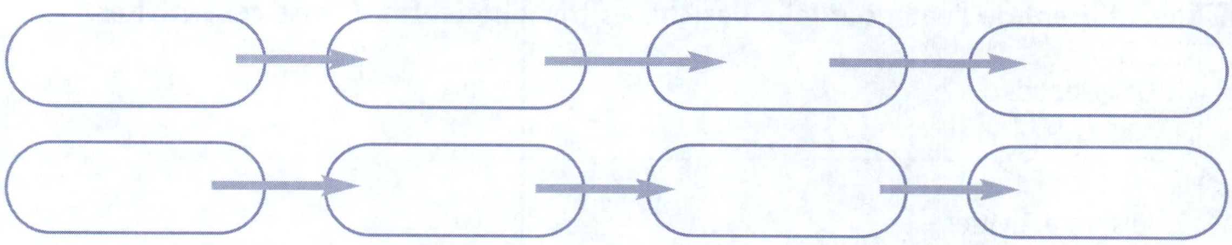

____

____

____

____

b. Écris maintenant un paragraphe sur les conséquences du manque d'eau dans le monde.

____

____

____

____

English and French

■ 1. Observe et réfléchis aux exemples donnés dans ton manuel.

1. « La vaisselle » se traduit en anglais par le mot ________________ qui se compose du verbe ________________ + ________________

2. « La lecture » se traduit en anglais par le mot ________________ qui se compose du verbe ________________ + ________________

3. « Le jardinage » se traduit en anglais par le mot ________________ qui se compose du verbe ________________ + ________________

■ 2. Traduis en anglais.

1. Peux-tu faire les courses ? ________________

2. La natation est un sport excellent. ________________

3. Je ne comprends pas ton écriture. ________________

Project

The way they use water

1 Observe les photos puis classe-les comme suit.

	plenty of water	not much water
picture n°		
They live in…		

2 Ils utilisent de l'eau pour faire des choses très différentes. Classe ces activités.

1. daily needs

____

2. leisure activities

____

3. others

____

Find out about a festival!

2 Écris une légende en anglais pour la photo que tu as choisie.

____

____

4 a. Rappelle-toi tous les mots que tu connais qui sont liés à l'eau.

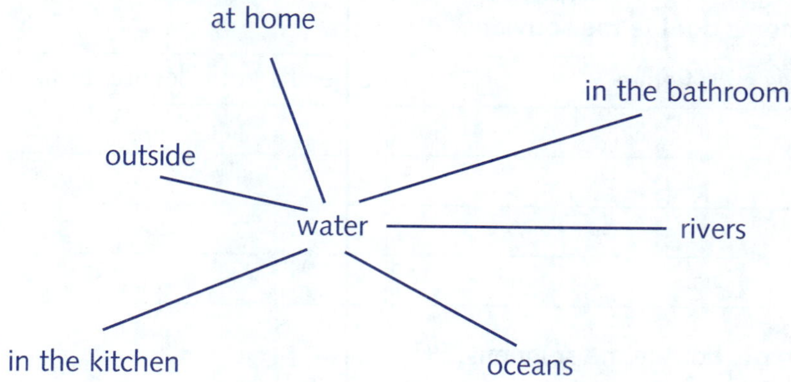

b. Choisis 4 ou 5 de ces mots et trouve d'autres mots avec lesquels ils riment ou qui te permettent de jouer sur les sonorités.

1. ______________________
2. ______________________
3. ______________________
4. ______________________
5. ______________________

c. Écris une phrase, un slogan ou un court poème sur le thème de l'eau. Voici quelques suggestions :

I love water/I enjoy water when... (Précise un ou plusieurs moments où tu apprécies l'eau.)

____

____

____

Water is useful because... (Donne une ou plusieurs utilisations de l'eau.)

____

____

____

Water is wonderful! (Dis pour quelles raisons tu trouves l'eau merveilleuse.)

____

____

ÉVALUE-TOI !

Lexique

1. J'écris les noms dont je me souviens.

noms associés à un fleuve	adjectifs pour décrire un fleuve
1.	1.
2.	2.
3.	3.
4.	4.

2. J'écris les mots dont je me souviens.

- Quatre noms d'animaux marins :

1. ______________________ 3. ______________________

2. ______________________ 4. ______________________

- Quatre expressions sur la météo :

1. ______________________ 3. ______________________

2. ______________________ 4. ______________________

3. Je connais le prétérit de quelques verbes irréguliers. Je complète les tableaux.

base verbale	prétérit
throw	
know	
go	

base verbale	prétérit
take	
drink	
win	

☺ J'ai retenu. 😐 Je dois encore apprendre. ☹ Je n'ai pas encore acquis.

Grammaire

1. J'ai compris comment exprimer une prédiction.

Avec les mots suivants : *she, be, very famous*

- j'écris une phrase affirmative à la forme pleine :

____

- j'écris une phrase affirmative à la forme réduite :

____

- j'écris une phrase négative à la forme pleine :

____

- j'écris une phrase négative à la forme réduite :

____

2. J'ai compris comment utiliser les déterminants *the* et ø (l'article zéro).

Je complète ces phrases.

- Can you pass me ____________ sugar, please?
- Do you prefer ____________ honey or ____________ sugar?

3. J'ai compris comment poser des questions sur la longueur, la largeur…

- la longueur : How ____________ ?
- la largeur : How ____________ ?
- la distance : How ____________ ?
- la profondeur : How ____________ ?
- l'âge : How ____________ ?
- la hauteur : How ____________ ?

4. Je complète ces phrases pour prouver que j'ai compris comment rédiger une phrase au futur avec une subordonnée en *if* ou en *when*.

- If you ____________ (be) lucky, you ____________ (win) the game.
- When Mrs Benson ____________ (go) shopping, she ____________ (buy) some milk.

☺ J'ai compris. 😐 Je dois revoir. ☹ Je n'ai pas encore compris.

Connaissances culturelles

Je me souviens de quatre lieux célèbres sur la Tamise.

1. ____________
2. ____________
3. ____________
4. ____________

☺ J'ai retenu. 😐 Je dois encore apprendre. ☹ Je n'ai pas encore acquis.

Expression écrite

Je peux rédiger un paragraphe (sur une feuille séparée) sur les risques du manque d'eau pour la vie quotidienne.

☺ Je suis capable. 😐 Je suis presque capable. ☹ Je ne suis pas encore capable.

Expression orale

- [ ] Je sais participer à jeu de devinette.
- [ ] Je peux dire ce que je ferai pour atteidnre un objectif.
- [ ] Je peux faire le bulletin météo.

Compréhension orale

☺ Je comprends presque tout. 😐 Je comprends un peu. ☹ J'ai du mal à comprendre.

CHAPTER 5

England in the Middle Ages

LESSON 1
Arthur and the magic sword

Listen, learn and practise

2 Écris les mots indiques par des fleches.

1. H ______________
2. S ______________
3. A ______________
4. S ______________
5. K ______________
6. A ______________
7. H ______________
8. B ______________

4 Coche les phrases que tu as entendues.

1. ☐ The Saxons were helping Britain.
   ☐ The Saxons were attacking Britain.
2. ☐ The Saxons were burning churches.
   ☐ The Saxons were building churches.
3. ☐ Without a leader, the kingdom was united.
   ☐ Without a leader, the kingdom was divided.
4. ☐ It was possible to fight the Saxons.
   ☐ It was impossible to fight the Saxons.
5. ☐ Merlin said, "You can't go back to the castle."
   ☐ Merlin said, "You must go back to the castle."
6. ☐ Merlin said, "You are going to unite Britain."
   ☐ Merlin said, "You are going to divide Britain."

5 Remplace le premier mot de chaque phrase par un/des nom(s) propre(s) comme dans l'exemple. Puis, numerote ces événements dans l'ordre où tu les entends.

Kay	He lost the tournament.	☐
________	He didn't pull the sword out of the stone.	☐
________	He read the words on the stone.	☐
________	He decided to fight in the tournament.	☐
________	He took Kay and Arthur to London.	☐
________	They saw a sword in a stone.	☐
________	He put it back in the stone.	☐
________	He pulled the sword out of the stone again.	☐
________	He became King of Britain.	☐

6 Cette histoire est un récit au passé. Quelle est la base verbale de ces prétérits ?

prétérit	V
grew up	
learnt/learned	
lost	
went	
put	
met	
took	

prétérit	V
taught	
brought	
said	
became	
fought	
read	

The sound of English

1 Entends-tu [ɔː] ou [əʊ] ?

	[ɔː]	[əʊ]		[ɔː]	[əʊ]		[ɔː]	[əʊ]
horse			taught			draw		
go			arrow			wrote		
sword			hero			more		
brought			stone			bow		

2 Barre la consonne qui ne se prononce pas.

knight write sword knife castle listen

3 Dictée.

____

____

____

LESSON 2 Market day in York

Listen and understand

2 a. Numérote les images dans l'ordre dans lequel tu les entends.

 ☐
 ☐
 ☐
 ☐
 ☐
 ☐
 ☐
 ☐

3 a. Complète les phrases.

1. Luke compares the market to ______________ in London.
2. On market day in York there are always lots of ______________
3. Rachel ______________ because there are a lot of stalls.
4. Aunt Kate says that the strawberries on the fruit stall ______________
5. Aunt Kate wants ______________ a lot of fruit to make a ______________
6. Luke buys ____
7. He ______________ a bunch of flowers for Aunt Kate but he ______________

   because he ______________ enough ______________

b. Coche les bonnes cases.

1. Aunt Kate thinks market day is a problem because

   ☐ there are a lot of people. ☐ the stalls sell very good things.

2. Rachel likes market day because

   ☐ there is a lot of traffic. ☐ there are a lot of stalls.

3. We know Luke likes the market because

   ☐ he doesn't buy anything. ☐ he spends a lot of money.

c. Complète avec *so much, so many, too much, too many, not enough, 'll be able to, won't be able to.*

Luke: Wow! There are ______________ people here! It's like Oxford Street!

Aunt Kate: It's always the same on market day. There are ______________ people and there's ______________ traffic! Now listen Luke, if you get lost, just go to the cathedral – you ______________ find it easily. We'll meet you there.

Luke: Don't worry, I won't get lost!

Rache : This market's great; there are ______________ stalls. [...]

Rachel: Mum, that's ______________ for a fruit salad! We ______________ eat all that tonight!

4 **Écris ce qui leur a plu à chacun et ce que regrette Luke.**

Aunt Kate is happy because ______________________________

____

____

Luke is sorry because ______________________________

____

5 **. Utilise les mots suivants pour résumer le dialogue.**

1. Luke – shop – aunt – cousin
2. market day – people – traffic – Oxford street
3. if – lost – able - find – cathedral – easily
4. Aunt Kate – buy – plums – salad – tonight
5. Rachel – think – mother – too much – fruit
6. Luke – happy – CD – poster – picture
7. can't – bunch – flowers – not enough

____

____

____

____

____

____

____

Grammar news

A. Réponds aux questions.

1. Dans les phrases affirmatives, quelle expression emploie-t-on pour parler d'un grande quantité ou d'un grand nombre ? ______________________________

2. Dans les questions et les phrases négatives, quel mot emploie-t-on

   a. pour parler d'une grande quantité ?

   ______________________________ suivi d'un nom indénombrable singulier.

   b. pour parler d'un grand nombre ?

   ______________________________ suivi d'un dénombrable pluriel.

3. Quelle tournure interrogative emploie-t-on pour poser des questions

   a. sur la quantité ? ______________________________

   b. sur le nombre ? ______________________________

B. Que veut dire Aunt Kate ? Coche la bonne case.

1. There's too much traffic.

☐ Il y a beaucoup de circulation. ☐ Il n'y pas assez de circulation. ☐ Il y a trop de circulation.

2. There are too many people.

☐ Il y a beaucoup de monde. ☐ Il y a trop de monde. ☐ Il y a suffisamment de monde.

Conclusion

Too much indique une ________________ quantité.

Too many indique un ________________ nombre.

D. Complète, prononce et réponds.

1. Au pluriel, les noms anglais prennent un ________________ comme en français.
2. Prononce ces mots dans ta tête : *peaches, plums, strawberries, kilos, bags, posters, flowers, CDs.*
3. Quelle est la différence entre le français et l'anglais ?

____

4. Pourquoi Aunt Kate dit-elle : *There are so many people ?* Que signifie *people* ? ________________

____

Conclusion

People est un mot collectif à sens pluriel qui ________________ la marque du pluriel.

E. Complète et traduis.

1. Compare (a) *I'm sure you can find it easily* et (b) *you'll be able to find it easily.*
   Phrase (a) est au ________________ ; phrase (b) est au ________________
2. Compare (c) *we'll be able to eat all that* et (d) *we won't be able to eat all that.*
   Phrase (c) est à la forme ________________ ; phrase (d) est à la forme ________________
3. Traduis ces quatre phrases :

a. ____

b. ____

c. ____

d. ____

LESSON 3 Normans and Saxons

Listen! A culture flash

1 a. Relie ces mots avec des flèches.

mutton	Old English	the king and queens
sheep	French	the nobility
		the peasants

b. Complète cette phrase.

The ________________ conquered ________________ in ________________

c. Écris, en haut de la bonne colonne, *the animal in the field* et *the meat*.
Puis, classe les mots suivants.

• *veal* • *cow* • *pig* • *pork* • *calf* • *beef* • *mutton* • *sheep*

mots d'origine anglo-saxonne ________________	mots d'origine française ________________

d. Traduis les mots suivants puis classe-les suivant leur origine.

tasse = ________________ verre = ________________ fourchette = ________________

cuillère = ________________ couteau = ________________ assiette = ________________

mots d'origine anglo-saxonne	mots d'origine française

Find out about...

2 Relève des informations sur l'invasion normande.

1. The king of England was called ________________ in 1064, ________________ in 1065 and ________________ in 1067.
2. What was King Edward's problem?
____
3. Who was a traitor? ________________
4. Who was Harold Godwinson? ________________
5. Where did William come from? ________________
6. What happened to Harold? ________________
7. What was William called after the battle of Hastings? Why?
____
8. What is William's name in French ? ________________

3 a. La tapisserie de Bayeux : complète les informations.

It is ☐ a painting ☐ an embroidery ☐ a parchment.

Height: ________________ It is ________________

Length: ________________ It is ________________

b. Regarde les images et complète ce tableau pour préparer une description.

colours	people	animals	weapons*	language

* weapons = *armes*

Act out!

4 Lis le dialogue à voix haute.

Question Master: Here is the first question. It is about history. Ready? His nickname was The Confessor. He was King of England.

Steve : Henry?

Question Master: Wrong. I'll go on. He died in 1065.

Megan: Edward?

Question Master: Right! One point for you, Megan. Now, the next question…

5 Prépare tes questions et jouez à deux.

Choisis un personnage célèbre parmi ceux que tu viens de découvrir ou dans ton programme d'histoire, et prépare plusieurs phrases pour le présenter sans dire son nom.

____

____

____

LESSON 4

A guided tour of Warwick Castle

Listen and understand

2 a. Écoute le dialogue et numérote les images dans l'ordre où tu les entends.

☐

☐

☐ a banner

☐

☐ a wallet

b. Regarde les images et trouve les informations suivantes.

Who was Richard Neville? ____________________

When did he live? ____________________

Where did he live? ____________________

3 a. Complète les phrases avec *his, their, mine, yours, ours.*

The guide: Here's Richard Neville in ______________ armour.

Poppy: How did people recognise knights when they were wearing ______________ helmets?

The guide: It's true that you couldn't see the knights' faces. But they all had coats of arms, on ______________ clothes and on ______________ banners. These were Neville's colours.

Greg: Look! I've found a wallet! It isn't ______________. Is it ______________, Rafi?

Rafi: No, it isn't ______________

Greg : Excuse me, we've found a wallet, and it's not ______________

Rafi: Maybe it's Richard Neville's.

The guide: Why not? The legend says ______________ ghost haunts the castle!

b. Retrouve dans l'extrait du dialogue les équivalents des expressions suivantes.

1. the faces of the knights ______________________________
2. the colours of Neville ______________________________
3. it belongs to Richard Neville ______________________________

4 a. Complète ou coche la bonne case.

1. Greg has found a ______________________________ .

Is it ☐ Greg's? ☐ Rafi's? ☐ Poppy's? ☐ another person's?

2. Complète la question que Poppy pose à ce sujet :

Whose ______________________________ ?

3. Complète la supposition de Rafi : *Maybe it's* ______________________________

4. Pour quelle raison fait-il cette supposition ? Est-elle vraisemblable ?

☐ He thinks it is Richard Neville's wallet.

☐ He's just trying to be funny.

5 a. Réponds aux questions ou coche la bonne case.

1. The mysterious voice sounds ☐ happy ☐ angry ☐ nervous.
2. Whose voice is it supposed to be? ______________________________
3. Who is really speaking? ______________________________

b. Les réactions de Poppy. Réponds aux questions ou coche la bonne case.

1. First Poppy is ☐ angry ☐ scared ☐ happy.
2. Then she is : ☐ angry ☐ scared ☐ happy.
3. Souligne les mots accentués dans la phrase suivante : *Oh, Greg, you are stupid!*

4. Est-ce possible de contracter le mot *are* dans la phrase? Pourquoi *are* n'est il pas contracté ici ? ______________________________

5. Comment pourrais-tu traduire cette phrase en rajoutant un mot afin de restituer l'effet de l'accentuation ? ______________________________

6 Utilise les mots suivants pour resumer le dialogue.

1. children – visit – Warwick Castle
2. guide – show – them – Richard Neville – wear – tournaments
3. people – see – knights' faces – recognise – because – coats of arms
4. Greg – wallet – children – give – guide
5. Rafi – suggest – Richard Neville
6. legend – ghost – haunt – castle

____
____
____
____
____
____

Grammar news

A. Classe ces mots ou groupes de mots qui expriment la possession.

• *his armour* • *their helmets* • *the knights' faces* • *their clothes* • *their banners* • *Neville's colours* • *it isn't mine* • *is it yours* • *it's not ours* • *it's Richard Neville's* • *his ghost* • *my wallet* • *my revenge*

génitif	
adjectifs possessifs	
pronoms possessifs	

B. Complète.

1. Reporte les adjectifs possessifs et indique, à chaque fois, qui est le possesseur.

__________ = ______________________
__________ = ______________________
__________ = ______________________
__________ = ______________________
__________ = ______________________
__________ = ______________________
__________ = ______________________

2. Dans le tableau, les expressions qui remplacent un groupe nominal sont des ______________
Reporte-les et retrouve, à chaque fois, le groupe nominal.

______________ = ____

______________ = ____

______________ = ____

3. Reporte-les nom +'s + nom dans le tableau et entoure la marque de la possession.
Cette construction s'appelle ______________

____

____

____

4. La marque de la possession disparaît dans *the knights' faces* parce que ______________

____

5. Dans *they are Neville's colours*, peut-on enlever *colours* ? Si oui, à quelle condition ?

____

Read

The truth is...

1 Première lecture.

1. Connais-tu ces deux personnages ? Quel est leur nom français ?

____

2. Quels noms propres reconnais-tu dans le paragraphe sur Robin Hood ?

1. ______________ 2. ______________ 3. ______________

3. Quand ont-ils vécu l'un et l'autre ?

Richard : ______________ Robin Hood : ______________

4. Note pour chaque passage, la question qui se pose à propos de chacun d'eux.

____

____

5. Trouve le « métier » de chaque personnage.

Richard : ______________ Robin Hood : ______________

2 Richard the Lionheart

1. Quels sont les quatre qualités et les trois défauts de Richard Cœur de Lion.

Qualités 1. ______________ 2. ______________ 3. ______________

4. ______________

Défauts 1. ______________ 2. ______________ 3. ______________

2. Combien de temps a-t-il régné ? ______________

3. Combien de temps a-t-il passé en Angleterre ? ______________

4. Note les divers pays où il s'est rendu, le temps qu'il y est resté ou ce qui s'est passé.

He went to ______________ *to* ______________

In ______________ *he* ______________

In ______________ *he* ______________

He went to ______________ *to* ______________

3 Robin Hood

1. Trouve dans le paragraphe le prétérit des verbes suivants.

steal (voler) : ______________

flee (s'enfuir) : ______________

become (devenir) : ______________

2. a. Quel mot caractérisant la bande de Robin Hood est répété deux fois?

____

b. Trouve dans le texte un équivalent « transparent » de ce mot : ______________

c. *Law* signifie « loi ». Traduis ce mot en français : ______________

3. Comment s'appelaient les compagnons de Robin Hood ? ______________

4 Vrai ou pas ?

1. L'auteur croit-il que Robin Hood a existé ? ______________

2. Lequel de ces deux personnages est historique ? ______________

3. Lequel est légendaire ? Recopie la phrase qui l'indique.

____

Write

Write a character card

1 Observe la feuille de personnage reproduite dans ton manuel et complète cette description.

My name is ______________ I'm a ______________ -year old ______________ with ______________ ______________ hair and ______________ eyes. I'm ______________ and quite ______________ . I'm ______________ but I'm very ______________ and I'm ______________ to my king. I can shoot very well with my ______________ . So if there is a war I'll be able to ______________ for my king. I'll never be a knight because my parents are poor ______________ .

2 Maintenant crée ton personnage a l'aide de la grille ci-contre, puis redige la description.

Name:

Gender: male / female

Character: prince / princess, knight / soldier, archer / minstrel, king / queen / monk

Age:

Hair: dark /fair / red / brown, long / short / curly / straight

Eyes: blue / green / brown, hazel / black

Build: skinny / thin / slim / well / built / plump / fat

Height: short / average / tall

Weaknesses: naïve / shy / slow / talkative / cowardly / jealous / violent

Strengths: strong / creative / clever / wise / brave

Psychology: honest / loyal / kind / proud / fierce / cruel / generous

Skills: play music / ride a horse, climb / handle animals, heal / gather information, fight / tell stories / hunt, dance / sing / write poems, swim / move silently

Equipment: harp / flute / shield, armour / helmet / sword, bow and arrows, horse / dogs / dress, jewels / crown / quill, ink and parchment

Family background: peasants - merchants – nobles – king and queen

Description of my character

____

____

____

____

____

____

____

English and French

■ **Traduis ces phrases.**

1. He is a twenty-year-old minstrel.______________________________
2. He is twenty years old.______________________________
3. La princesse a quinze ans.______________________________
4. C'est une princesse de quinze ans.______________________________

Project

The coats of arms they wore

1 a. Observe le blason de la famille royale et complète ci-dessous.

colours	
animals	
objects	
motto	

The motto is in ☐ English ☐ French ☐ Latin.

b. Quels sont les symboles du blason de la famille royale ?

1. Le symbole de la royauté : ______________________
2. Le symbole de l'Angleterre : ______________________
3. Le symbole de l'Écosse : ______________________
4. Le symbole de l'Irlande : ______________________

Make your own shield

Pour réaliser ton blason, choisis ce qui te représente le mieux.

- Ta/tes couleur(s) préférée(s) : ______________________
- Ton animal favori : ______________________
- Des décorations, des objets que tu aimes :

____

- Écris une devise qui représente ce que tu trouves important.
- Et maintenant, prends du papier ou du carton, des crayons, des feutres ou de la peinture. Tu peux aussi faire des collages… Fais preuve d'originalité !

ÉVALUE-TOI !

Lexique

1. J'écris les noms dont je me souviens.

- Quatre noms communs désignant des personnages du Moyen Âge :

1. ______________________ 3. ______________________

2. ______________________ 4. ______________________

- Les quatre éléments qui font partie de l'équipement d'un chevalier :

1. ______________________ 3. ______________________

2. ______________________ 4. ______________________

- Quatre objets utilisés quand on met la table :

1. ______________________ 3. ______________________

2. ______________________ 4. ______________________

2. Je connais le prétérit de quelques verbes irréguliers. Je complète les tableaux.

base verbale	prétérit
bring	
teach	
fight	
meet	

base verbale	prétérit
write	
become	
put	
wear	

☺ J'ai retenu. 😐 Je dois encore apprendre. ☹ Je n'ai pas encore acquis.

Grammaire

1. J'ai compris comment parler de la capacité au futur.

Avec les mots suivants : *Next August, we, able, swim, sea*

- j'écris une phrase affirmative ______________________
- j'écris une phrase négative

____

2. J'ai compris comment utiliser *much* et *many*.

- J'écris une phrase interrogative comportant *much* :

____

- J'écris une phrase affirmative comportant *many* :

____

- J'écris une phrase comportant *too much* ou *too many*.

____

3. Je sais exprimer l'appartenance, la possession. Je traduis ces phrases.

- « À qui est ce crayon ? » « C'est à moi. »

____

- Le vélo de Peter est plus vieux que le mien.

____

- Voulez-vous voir la chambre des enfants ?

____

- Ces livres sont à Catherine. Mets-les dans son sac.

____

☺ J'ai compris. 😐 Je dois revoir. ☹ Je n'ai pas encore compris.

Connaissances culturelles

1. Je me souviens d'un événement historique. Je complète le paragraphe.

The ______________________ conquered England at the battle of ______________________ in ______________________ During the battle, King ______________________ died, so ______________________ the ______________________ became King of England.

2. Je me souviens des symboles du Royaume-Uni.

- le symbole de la royauté : ______________________
- le symbole de l'Angleterre : ______________________
- le symbole de l'Écosse : ______________________
- le symbole de l'Irlande : ______________________

☺ J'ai retenu. 😐 Je dois encore apprendre. ☹ Je n'ai pas encore acquis.

Expression écrite

Je peux rédiger (sur une feuille séparée) le portrait physique et moral d'un personnage du Moyen Âge.

☺ Je suis capable. 😐 Je suis presque capable. ☹ Je ne suis pas encore capable.

Expression orale

☐ Je sais réclamer plus d'argent de poche !

☐ Je sais participer à un quiz sur des personnages historiques.

☐ Je peux décrire un objet pour faire deviner à qui il appartient.

Compréhension orale

☺ Je comprends presque tout. 😐 Je comprends un peu. ☹ J'ai du mal à comprendre.

CHAPTER 6

On stage

LESSON 1 The audition

Listen, learn and practise

2 a. Écoute la conversation et associe les informations.

Peter Leroy	the director
Christopher Hammer	the main character and the title of the play
Billy Hathaway	the TV presenter
King John	the playwright

b. Complete les phrases.

The director is holding ______________ at the Empire ______________ in the West End ______________ He wants to find an ______________ to ______________ the main part in a historical ______________ called ______________

3 À l'aide de la *Toolbox*, écris les mots qui correspondent aux numéros sur l'image.

1. ______________
2. ______________
3. ______________
4. ______________
5. ______________
6. ______________
7. ______________

5 a. Écoute et relie chaque adjectif au personnage auquel il correspond.

angry
embarrassed
frightened
furious
polite
rude
scared
self-confident
shocked
shy
surprised
upset
violent

b. Trouve dans la liste des adjectifs, des équivalents et des contraires.

1. afraid = ____________ 4. polite = ____________
2. angry = ____________ 5. self-confident = ____________
3. shocked = very ____________

c. Complète les phrases.

1. King John is very ____________ but he is a ____________ man.
2. He doesn't like his barons. He's ____________ to them.
3. The barons are going to kill him. So he is ____________ and ____________
4. Isabel, his wife is very ____________ and ____________
5. She is ____________ of King John.
6. She is ____________ and ____________ when John looks scared.
7. At the end, John is ____________ He is absolutely ____________

6 a. Numérote les dessins dans l'ordre.

☐  ☐  ☐  ☐ 

b. Coche les bonnes cases pour compléter les phrases.

He sounds ☐ angry ☐ self-confident ☐ shy.
She sounds ☐ surprised ☐ shy ☐ furious.

He sounds ☐ frightened ☐ polite ☐ upset.
She sounds ☐ rude ☐ shy ☐ scared.

She sounds ☐ shy ☐ angry ☐ embarrassed.
He sounds ☐ scared ☐ rude ☐ self-confident.

She sounds ☐ furious ☐ upset ☐ shocked.
He sounds ☐ rude ☐ surprised ☐ embarrassed.

The sound of English

1 Lis les phrases, puis écoute, répète et vérifie ta prononciation.

1. My history book is very interesting. I'm interested in history.
2. This film is boring. I feel bored.
3. His ideas were shocking! She was shocked.
4. This computer game is exciting. I am so excited.
5. The situation was embarrassing. They were embarrassed.

2 Barre les mots que tu entends à peine parce qu'ils sont réduits.

1. auditions for a new play
2. a crown and a sword
3. I'm in the wings.
4. She's frightened of him.
5. Not at all.
6. He's shocked and scared.

3 Dictée.

____

____

____

____

LESSON 2

To be or not to be... an actor

Listen and understand

2 a. Qui joue ces rôles ?

the director: ____________________ Rosalinda: ____________________

the lover: ____________________ the character in the wings: ____________________

b. Indique dans quel ordre tu entends les mots évoqués par ces images.

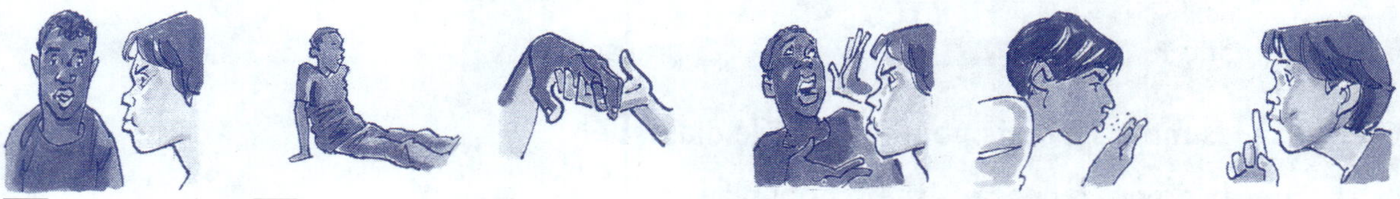

☐ ☐ ☐ ☐ ☐ ☐

c. Qui fait ou doit faire quoi ? Relie le nom des personnages avec ces actions.

	lie down
Poppy	stand next to Greg
Rafi	hold hands
Greg	stand in the wings
Luke	give orders
	laugh

3 a. Écoute et complete les phrases.

1. The children are rehearsing the ____________________ of the ____________________
2. They will perform the play next ____________________
3. Luke gives ____________________ because he is the ____________________
4. Greg has to ____________________ on the floor.

5. Poppy has to ______________________ Greg and they have to ______________________

6. Rafi has to ______________________ wings.

7. First, Greg sounds too dramatic so Poppy ______________________

b. Complète avec *must, mustn't, have to, don't have to.*

Luke: OK, do you know your lines? Let's rehearse the third scene of the first act. Remember, we ______________ be ready by next Tuesday.

Greg: I ______________ lie down. I'm supposed to be ill.

Luke: There'll be a bed on the stage. Lie down on the floor!

Poppy: Where do I ______________ stand?

Luke: Next to Greg, of course. You ______________ hold hands. [...]

Greg: Ah, Rosalinda, you ______________ leave me now. I ______________ tell you the truth! What's the matter?

Luke: You ______________ be so dramatic, Greg. You're not dying, you're only sick!

4 a. Combien de fois Greg dit-il *Ah! Rosalinda!* ______________________

b. Trouve le personnage. Who is...

1. impatient? ______________________
2. bossy? ______________________
3. dramatic ? ______________________
4. bored? ______________________
5. furious? ______________________
6. amused? ______________________

5 Utilise les mots suivants pour résumer le dialogue.

1. The children – rehearse – the school play
2. Luke – say – be ready – by next Tuesday
3. Greg – lie down – because – supposed – be ill
4. Poppy – stand – Greg – hold – hand
5. Greg says – "Rosalinda – leave – tell the truth"
6. Luke – say – Greg – so dramatic
7. Greg – get – impatient – because – repeat – lines – four times

____

____

____

____

____

____

____

Grammar news

A. Observe les formes des verbes que tu as utilisées pour compléter l'extrait du dialogue (exercice 3b).

1. Classe les formes verbales que tu as relevées.

must		*have to*	
formes affirmatives	formes négatives	formes affirmatives	formes négatives

Conclusion

La forme négative de *must* est *must* + ________ qui s'écrit ________________ à la forme contractée.

La forme négative de *have to* est ________________________

2. Peux-tu en déduire comment construire une phrase interrogative avec *must* ? Utilise les symboles **S** pour le sujet, et **V** pour la base verbale. ________________________

3. Peux-tu en déduire comment construire une phrase interrogative avec *have to* ?

____

B. Réfléchis au sens.

1. *Must* et *mustn't*

"Ah, Rosalinda, you mustn't leave me now. I must tell you the truth!"

a. Souligne en rouge ce que l'amant de Rosalinda lui interdit de faire. Quel auxiliaire est utilisé ?

____

b. Souligne en vert ce qu'il se sent personnellement obligé de faire. Quel auxiliaire est utilisé ?

____

Conclusion

Pour dire qu'on s'impose à soi-même ou qu'on impose à autrui une **obligation**, on utilise l'auxiliaire de modalité ________________________. Pour exprimer une **interdiction**, on utilise l'auxiliaire de modalité à la forme négative ________________________

2. *Have to* et *don't have to*

Greg: *I have to lie down.* Luke: *You don't have to be so dramatic, Greg.*

a. Souligne en vert ce que Greg est obligé de faire, pour respecter la mise en scène.

b. Quelle forme verbale est utilisée ? ________________

c. Souligne en bleu ce qu'il n'est pas obligé de faire.

d. Qu'elle forme verbale est utilisée ? ________________

Conclusion

Pour exprimer une obligation qui se veut plutôt objective, on emploie la forme verbale ________________. Pour exprimer une absence d'obligation, on utilise la forme verbale à la forme négative ________________________

Your turn to speak!

6 **Interroge un camarade sur ce qu'il est obligé de faire à la maison. Prépare une grille de questions, sur ce modèle.**

Name: ______________________________

Activity	Yes	No
do the washing-up		

LESSON 3 The London stage

Listen! A culture flash

1 **a. Coche les mots que tu as entendus.**

1. The West End is in the ☐ south of London ☐ city centre.
2. It is a ☐ large area ☐ small area.
3. There are ☐ fourteen ☐ forty big theatres there.
4. You can see ☐ plays ☐ musicals ☐ pantomimes ☐ comedies.

b. Colorie sur ton plan les rues qui délimitent le quartier des théâtres à Londres.

Find out about...

2 **a. Complète les phrases.**

1. The Globe was built in ____________
2. The audience stood in the ________ or sat in the ________________
3. There was no ________ over the yard so people got wet when it rained.
4. The musicians sat on the ________ or in the ________________

b. Coche les bonnes cases.

1. What was important at the old Globe?

☐ scenery ☐ music ☐ costumes ☐ sound effects

2. The Globe was destroyed by fire. What caused the fire?

☐ thunder ☐ a cannon ☐ an unhappy audience

LESSON 4 What about going to a concert?

Listen and understand

2 a. Numérote les images dans l'ordre où tu en entends parler.

☐ 

☐ 

☐ 

☐ 

☐ 

☐ 

3 b. Complete les phrases.

1. Greg would like to go to ____________________ for his birthday.
2. He asks Luke if he ____________________
3. Greg thinks his parents ____________________ he is too young.
4. Greg asks ____________________ if he can go.
5. She says Greg can go if his dad ____________________
6. Luke thinks they can ____________________ the price of the ____________________ on the ____________________
7. Greg asks a lot of questions about ____________________

c. Complète avec *let's, why don't you, what about ...ing.*

Greg: My favourite band's playing at Wembley Stadium. The problem is that my parents will say I'm too young to go.

Luke: Are you sure? ____________________ ask them?

Greg: You're right! Mum's downstairs. ____________________ ask her. Mum! [...] Mum, about my birthday...

Mum: Yes?

Greg: Well, ____________________ go____ to a rock concert?

Mum: Oh no, Greg, I don't want to go to a rock concert.

4 Analyse les sentiments et les réactions des personnages.

Greg

- What does he want to do for his birthday?

____

- Why?

____

• What's his problem?

____

Luke

• How does he help Greg?

____

Greg's Mum

• What is her first reaction? Why?

____

• Why, in the end, does she say Greg can go to the concert?

____

5 a. Complète avec *How much, how many, how old, how long, how high*.

Mum: _______________ do the tickets cost?

Greg: I don't know.

Luke: _______________ look up the price on the Wembley Stadium website?

Greg: Good idea.

Luke: So _______________ friends are you going to invite?

Greg: Just two or three. _______________ does it take to get to Wembley from here?

Luke: About half an hour I think.

Greg: Wow! Look at it! It looks brand new! _______________ is it?

Luke: I think it opened last year. Look at that arch! _______________ do you think it is?

Greg: I don't know! It's awesome! _______________ people does it hold?

6 Utilise les mots suivants pour résumer le dialogue.

1. Greg – like – rock concert – Wembley – friends – birthday
2. Problem – because – think – parents – say – young
3. Mother – agree – if – Dad
4. Want – know – price – ticket
5. Luke – say – look up – price – website
6. Greg – excited – a lot of – questions

____

____

____

____

____

____

Grammar news

A. Complète.

1. Quand Luke dit à Greg *Why don't you ask them*, il lui ______________________ de poser la question à ses parents.

2. Quand Greg lui répond : *Let's ask her*, il ______________________ d'aller demander ensemble à sa mère.

3. Greg dit à sa mère : *What about going to a rock concert* plutôt que *I would like to go to…* parce qu'il ne veut pas lui imposer son idée. Il n'est pas sûr de la réaction de sa mère. C'est une

____

4. Sa mère comprend qu'il lui propose de l'accompagner puisqu'elle lui répond :

____

5. Lorsque Luke dit *Why don't we look up the price on the Wembley site?*, il ____________________ d'aller voir le prix sur le site de Wembley. Il se dit concerné par cette suggestion ; il emploie le pronom personnel sujet __________

B. Complète ce tableau des tournures interrogatives *How* + adj et de leur sens.

How much		*How long*	
	âge		quantité
How tall		*How many*	
	longueur	*How far*	
How wide			profondeur

Your turn to speak!

1 a. Prépare-toi à répondre.

Name of the monument	
Age	
Size/Details	
Location	

ou

Relationship (grandfather, aunt, etc.)	
Age	
Height	
Children and/or grandchildren	
Place where he/she lives	

b. Note les réponses de ton ami(e).

Name of the monument	
Age	
Size/Details	
Location	

ou

Relationship (grandfather, aunt, etc.)	
Age	
Height	
Children and/or grandchildren	
Place where he/she lives	

Read

William Shakespeare

1 Avant de lire, coche les réponses que tu crois bonnes.

1. Shakespeare lived in

☐ the 15th century. ☐ the 16th century. ☐ the 17th century.

2. When he was born, the king or queen of England was

☐ Henry VIII. ☐ Elisabeth I. ☐ Elisabeth II.

3. Shakespeare was

☐ a teacher. ☐ an actor. ☐ a playwright. ☐ a poet.

2 Lis l'introduction et relève les signes de la précocité de Shakespeare.

How old was he when

he got married? ________, he had a daughter? ________, he had twins? ________,

he left for London? ________, he wrote four plays? ________

3 Lis une première fois tout le texte.

1. Ce texte s'intéresse-t-il à Shakespeare ☐ l'homme, ☐ l'auteur, ☐ le comédien ?
2. Quel est le sujet de chaque paragraphe ? Trouve l'expression qui l'indique.

§1. ________________________________

§2. ________________________________

§3. ________________________________

3. Relève dans le premier paragraphe les adjectifs qui montrent la variété de ses pièces.

1. ________________ 3. ________________

2. ________________ 4. ________________

4. Recopie les phrases qui indiquent pourquoi ses pièces sont difficiles à lire aujourd'hui, et ce qui peut nous aider.

____

____

5. Relève le titre des deux pièces citées.

____

4 Relis le deuxième paragraphe.

1. Où se passe cette pièce ? _______________________

2. Qui sont les personnages ? Que leur arrive-t-il ?

Qui sont les personnages ?	Que leur arrive-t-il ?
1.	
2.	
3.	
4.	

3. Cite l'anecdote comique.

____

____

5. Relève les deux mots qui indiquent qu'il s'agit d'un monde imaginaire:

1. ____________________ 2. ____________________

6. Trouve dans le paragraphe l'expression qui a le même sens que *in a state of confusion*.

____

5 Relis le troisième paragraphe.

1. En quoi cette pièce est-elle différente de l'autre ?

____

2. Quel mot indique comment se termine la pièce. ____________________

Write Writing a dialogue

1 a. Observe les verbes dans le paragraphe au discours indirect et dans le dialogue au discours direct.

	discours indirect		discours direct	
	forme	temps	forme	temps
want				
be				
need				

b. Observe les pronoms.

1. Sous chaque pronom, écris le nom du personnage auquel il renvoie.

This morning, Judith asked Olivia if she

____

wanted to go shopping with her in the

____

afternoon. Olivia answered that was a

____

great idea because she needed a new coat.

____

Judith: "Do you want to go shopping with

____

me this afternoon?"

____

Olivia: "That's a great idea because I need

____

a new coat."

2. Complète ce tableau. Quels changements remarques-tu ?

nom des personnages	discours indirect	discours direct

2 Prépare-toi à ecrire le dialogue correspondant a ce paragraphe.

Jenny heard the phone. She picked it up. It was William. He was phoning to ask her if she wanted to go to the cinema with him that evening. She said she couldn't* because she had to babysit her little brother but they could* go on Friday. Then he asked her what film she wanted to see. She told him she hated horror films but she quite liked comedies and action films. So he suggested going to see *Pirates of the Caribbean*. She said that was a great idea because she loved Johnny Depp. He was her favourite actor.

*could : ici, passé de can

1. Surligne en jaune les phrases qui rapportent les paroles de Jenny, et en vert celles qui rapportent les paroles de William.
2. Souligne les phrases qui correspondront à des questions dans le dialogue, et entoure la phrase qui correspond à une suggestion.
3. Barre les expressions que tu ne réutiliseras pas dans le dialogue.
4. Maintenant écris le dialogue. N'oublie pas d'indiquer qui parle. Utilise les bulles de l'illustration pour les premières répliques de ton dialogue.

3 Maintenant invente un dialogue !

____

____

____

____

____

____

English and French

■ Compare l'anglais et le français. Observe, puis oche la bonne case ou complète.

William asked ***her*** *a question.* — William **lui** a posé une question.

She told ***him*** *she hated horror films.* — Elle **lui** a dit qu'elle détestait les films d'horreur.

1. En anglais, le pronom personnel complément se trouve

☐ avant le verbe. ☐ après le verbe.

2. En français, le pronom personnel complément se trouve

☐ avant le verbe. ☐ après le verbe.

3. En français, le pronom complément « lui » est utilisé au féminin et au masculin.

En anglais, le pronom complément *her* est utilisé au ______________________

Le pronom complément *him* est utilisé au ______________________

■ Traduis les phrases suivantes.

1. *He took her to the cinema.* ______________________
2. *He took him to the cinema.* ______________________
3. *She gave him fifty pounds.* ______________________
4. *She gave her fifty pounds.* ______________________

Project The shows they love!

1 Classe les spectacles selon leur genre : pièce de théâtre, comédie musicale, ballet.

Genre	Titre

3 a. Quels spectacles sont…

- des adaptations d'un film ?

- des adaptations de livres célèbres ?

b. Dans les descriptifs de quels spectacles parle-t-on de compositeurs célèbres ?

4 À quel spectacle ces phrases correspondent-elles ?

- ☐ a. It is about an exceptional woman.
- ☐ b. It is sad and funny too. It takes place on an island.
- ☐ c. The main character meets some very strange people and animals. She is sometimes very small and sometimes very tall.
- ☐ d. In this show we feel sorry for the main character who has to leave his family and friends.
- ☐ e. The author of this show is famous as a writer of detective stories.
- ☐ f. The main character in this show is different from his friends and family. He has a very special ambition.
- ☐ g. The show is in English but it's got a French title.

5 Quel spectacle aimerais-tu voir ? Prépare tes arguments.

I'd like to… because I like… I think…

6 Quel spectacle allez-vous voir ?

Prépare les arguments de ton groupe, puis essaie de convaincre les autres groupes.

We'd like to… because we like… We think… We agree with you but we prefer… because… We disagree because…

ÉVALUE-TOI !

Lexique

J'écris les mots dont je me souviens.

- Quatre noms ayant pour thème le théâtre :

1. ______________ 3. ______________

2. ______________ 4. ______________

- Les adjectifs qui signifient :

gêné = ______________ poli = ______________

impoli = ______________ furieux = ______________

timide = ______________ stupéfait = ______________

effrayé = (deux adjectifs) ______________

Je traduis ces deux phrases.

- Il a l'air vieux (quand je le vois). ______________
- Elle a l'air timide (quand j'entends sa voix).

____

J'ai retenu. Je dois encore apprendre. Je n'ai pas encore acquis.

Grammaire

1. J'ai compris comment dire qu'il faut faire quelque chose (= c'est une obligation) ou que cela n'est pas nécessaire (= ce n'est pas une obligation). Je fais des phrases avec ces mots :

- *an actor / learn his lines* (obligation)

____

- *Emily / wear / a uniform / at school* (pas d'obligation)

____

- *the children / make their bed / every day* (pas d'obligation)

____

- *we / get up / now / ?* (question)

____

2. J'ai compris comment exprimer une interdiction. Je fais une phrase avec les mots suivants : *the actors, talk, in the wings :*

____

3. Je sais comment faire une suggestion.

- J'écris une phrase pour proposer à un ami qu'il aille au théâtre :

______________ *go to the theatre?*

- J'écris trois phrases : trois façons de proposer à des amis qu'on aille tous au théâtre :

_______________________________________ *going to the theatre?*

_______________________________________ *go to the theatre?*

_______________________________________ *go to the theatre!*

☺ J'ai compris. 😐 Je dois revoir. ☹ Je n'ai pas encore compris.

Connaissances culturelles

Je me souviens...

- du nom du quartier des théâtres à Londres : ____________________
- du nom du théâtre de Shakespeare : ____________________
- à quel siècle vivait Shakespeare : ____________________
- qui jouait les rôles féminins au temps de Shakespeare : ____________________

☺ J'ai retenu. 😐 Je dois encore apprendre. ☹ Je n'ai pas encore acquis.

Expression écrite

Je peux écrire (sur une feuille séparée) un dialogue dans lequel un personnage invite un ami au cinéma.

☺ Je suis capable. 😐 Je suis presque capable. ☹ Je ne suis pas encore capable.

Expression orale

- [ ] Je sais m'informer sur un lieu ou un monument célèbre.
- [ ] Je sais poser des questions sur un ami d'ami, un nouveau venu.
- [ ] Je peux suggérer des idées de sortie pour un anniversaire.
- [ ] Je peux choisir un spectacle au théâtre et dire pourquoi.

Compréhension orale

☺ Je comprends presque tout. 😐 Je comprends un peu. ☹ J'ai du mal à comprendre.

CHAPTER 7

Mysteries

LESSON 1 Solve the mystery!

Say what you can

1 a. Complète les informations sur l'homme dans la photo p. 100.

His name: ______________________________

His job: ______________________________

The writer who invented him: ______________________________

b. Retrouve l'ordre chronologique des lettres en te servant des dates et des villes annoncées.

First letter

N° ____ Date: ______________ Town: ______________

Second letter

N° ____ Date: ______________ Town: ______________

Third letter

N° ____ Date: ______________ Town: ______________

Fourth letter

N° ____ Date: ______________ Town: ______________

c. Trouve un point commun entre les lettres et l'indicateur des chemins de fer.

____

2 a. Écoute et prends des notes dans les tableaux ci-dessous. Mets un point d'interrogation si tu n'as pas l'information.

	First murder	Second murder	Third murder
Name of the victim	Alice Ascher	Betty Barnard	Carmichael Clarke
Where he/she was killed			
How he/she was killed			
Married/Engaged/Single/Separated/Divorced			

	First murder	Second murder	Third murder
Name of the victim	Alice Ascher	Betty Barnard	Carmichael Clarke
Children?			
Brothers and sisters?			
Witnesses?			
Fingerprints?			
Clues?			
Suspect and reason why?			

b. Complète les phrases suivantes sur les deux premiers meurtres.

Someone struck Alice Ascher on the ______________. There were no ______________ and there are no ______________ The police found some ______________, a ______________ of stockings in a packet and an ______________ Railway Guide.

Alice and her ______________ were ______________ and they ______________ no ______________ He's a very ______________ man.

Betty Barnard was killed in Bexhill. Someone ______________ her. Her fiancé is a very ______________ man and he hasn't got an ______________

The murderer kills in ______________ order.

c. Réponds aux questions sur le troisième meurtre.

1. Who saw a stranger near Carmichael Clarke's house? ______________
2. What was the stranger selling? ______________
3. What was he wearing? ______________

3 a. Relis la dernière lettre et réponds aux questions.

1. Where is the next murder going to take place? ______________
2. When is it going to happen? ______________

b. Complète.

The owner of a ______________ called the ______________ because a man left the ______________ and didn't ______________ He's an ordinary sort of ______________ with ______________ He ______________ stockings.

His ______________ is Alexander Bonaparte Cust.

c. Récapitule les indices en te servant du travail déjà fait.

1. What clue did the police find in the three murders?

____

2. Who is the new suspect and why? ______________________________

____

4 a. Réponds aux questions.

1. Is Mr Cust the murderer? ______________________________

2. Why? Has he got an alibi? ______________________________

b. Réfléchis et essaie de trouver l'assassin. Complète.

I think ______________________________ is the murderer because

____

____

c. Écoute et vérifie si tu as trouvé la bonne solution.

Murderer's name	
Reason for the crime	
Reason why he killed the others	
Reason why he chose Mr Cust	

The sound of English

1 Classe les mots suivant la prononciation de la voyelle « i », puis écoute pour vérifier.

• *witness* • *alibi* • *strike* • *crime* • *kill* • *fingerprints* • *violent* • *guide*

[ɪ]	[aɪ]

3 Dictée.

____

____

____

____

LESSON 2 Poppy is suspicious

2 a. Numérote les images dans l'ordre où tu les entends.

☐  ☐  ☐  ☐ 

b. Numérote les cases pour remettre dans l'ordre les étapes du récit de Poppy. Puis relies-en quatre aux réactions de Rafi (à droite).

☐ I turned round and there was nobody there.
☐ I heard footsteps behind me.
☐ A light came on in the house.
☐ A strange thing happened.
☐ The front door suddenly opened.

Oh. That's strange.
Are you sure?
What?
You mean someone was following you?

c. Que peux-tu dire de Poppy et de Rafi? Choisis les adjectifs qui conviennent a chacun.

• *suspicious* • *worried* • *amused* • *scared* • *doubtful* • *nervous* • *positive*

1. Poppy is ______________________

Why? ______________________

____

2. Rafi is ______________________

Why? ______________________

____

3 a. Complète avec les verbes suivants au prétérit en *be* + V-*ing*.

• *(be) coming back* • *(be)going* • *(be) following* • *(be) walking*

Poppy: Well, the other day, I ______________ to the shops when a strange thing happened.

Rafi: What?

Poppy: Well, I ______________ past the house when suddenly I heard footsteps behind me.

Rafi: You mean someone ______________ you?

Poppy: No! You see, I turned round and there was nobody there!

Rafi: Oh. That's strange.

Poppy: Then later, when I ______________ from the shops, the front door suddenly opened.

b. Conclusion : coche la bonne réponse.

Lorsqu'elle emploie un prétérit en *be* + V-*ing*, Poppy parle

☐ de ce qu'elle était en train de faire quand ces choses étranges sont arrivées.
☐ de ce qu'elle s'est mise à faire quand ces choses étranges sont arrivées.

4 a. Qu'en pense Rafi. Complète.

1. What does Rafi suggest to explain the footsteps?

"You mean ______________________ ?"

2. How does he react when Poppy talks about the open door?

"Do you mean ______________________ ?"

3. What explanation does he suggest for the open door?

____

b. Réponds aux questions.

1. What does Rafi say to make fun of Poppy?

____

2. How does Poppy react?

____

3. What does Rafi say to reassure Poppy?

____

5 Utilise les mots suivants pour résumer le dialogue.

1. Poppy – talk – Rafi – empty house
2. She – walk – house – hear – footsteps
3. She – turn round – no one – there
4. When – she – come back – shops – front door – open
5. Rafi ask – Poppy – if – say – hello – ghost
6. Rafi – think – simple – explanation
7. Poppy – say – Luke – think – house – strange – too
8. Luke – skateboard – when – light – come on
9. Poppy – think – Rafi – crazy – because – he – want – knock – door

____

____

____

____

____

____

____

____

Grammar news

A. Relis ces quatre phrases, puis classe les formes verbales (tableau p. 102).

1. I was going to the shops when a strange thing happened.
2. I was walking past the house when suddenly I heard footsteps.
3. When I was coming back from the shops, the front door suddenly opened.
4. When the door opened, was the wind blowing?

Prétérit	Prétérit en *be* + V-*ing*

B. Complète.

1. Poppy raconte ce qui s'est passé lorsqu'elle longeait la maison vide. Elle emploie donc le ______________ ou *simple past* qui est le temps du ______________

2. Elle dit aussi ce qu'elle faisait lorsque toutes ces choses inquiétantes se sont tout à coup produites. Elle emploie le ______________________ ou *past continuous.*

C. Observe le premier schéma, puis complète le deuxième avec un autre exemple.

a strange thing happened

Poppy was walking… Poppy was walking… Poppy was walking…Poppy was walking…

Conclusion
Poppy utilise le ______________ pour parler d'un événement qui s'est produit brusquement dans le passé. Elle utilise le ______________ pour parler de ce qu'elle faisait au moment où l'événement s'est produit.

Your turn to speak!

6 a. Si vous êtes personnage A, préparez votre histoire.

Who did you see? (description)

____

What were you doing when you saw the person?

____

Why was the person strange/suspicious.

____

b. Si vous êtes personnage B, préparez vos questions.

Ask for a description of the person.

____

Ask about the circumstances.

____

Find out why the person was strange/suspicious.

____

LESSON 3 Mysteries of the world

Listen! A culture flash

1 Complète ces notes.

1. Number of white horses in Wiltshire and Oxfordshire: ______________________
2. Age of the Uffington white horse: ______________________
3. Why is it there?
   - Theory n°1: It ______________ a border between ______________
   - Theory n°2: It ______________ a ______________ meaning.
4. Conclusion? ______________________

Find out about...

2 A. Réponds aux questions.

1. When was Stonehenge built? ______________________
2. What materials were used? ______________________
3. How many circles were there? ______________________
4. Write two facts that show how big the stones are: ______________________

____

B. Trouve l'équivalent en français des mots suivants.

BC ______________ midsummer ______________

sunrise ______________ lintel ______________

horseshoe ______________ altar ______________

C. Flécher le dessin de Stonehenge en utilisant ces mots.

- a trilithon • the Altar Stone • blue stones • sandstones • the Heel Stone
- an upright • a lintel

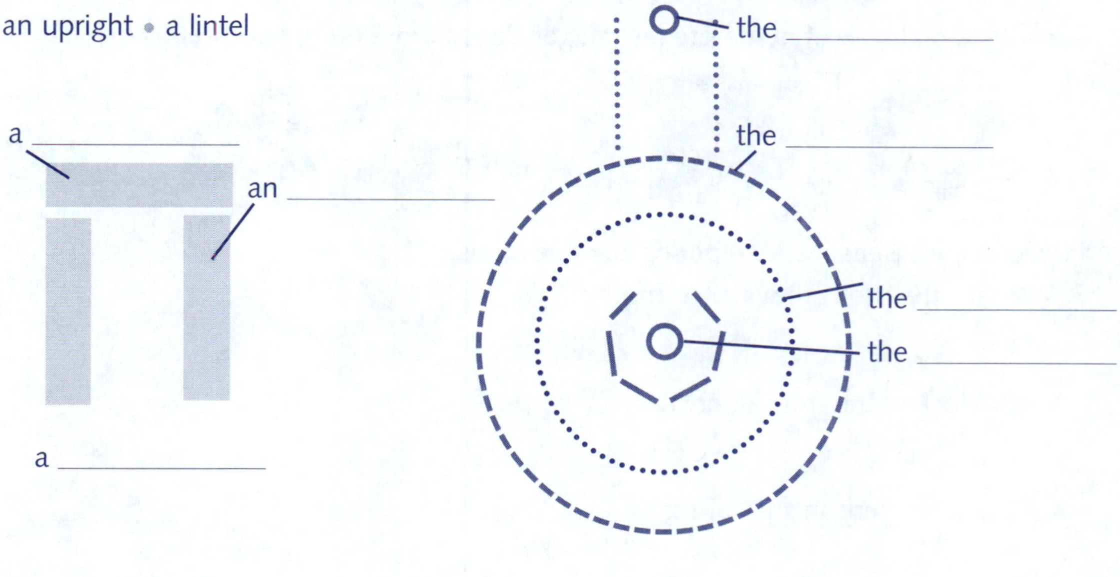

1 3. Quelle est ta théorie sur Stonehenge ?
Rédige un court paragraphe en utilisant les indices de ton livre. Tu peux utiliser aussi les expressions suivantes.
• *transport the stones* • *in that particular place* • *abandon* • *understand astronomy*

I think Stonehenge ____

____

Act out!

4 Un journaliste interroge un expert sur les habitations troglodytes de Mesa Verde. Lis l'interview à voix haute avec un(e) camarade.

Journalist: I believe Mesa Verde is a spectacular place. Where exactly is it?
Expert: It's in Colorado, in the USA.
Journalist: Can you describe it, please?
Expert: Certainly. There are six hundred stone houses built in the cliffs. For seven hundred years the Ancient Pueblo people made their homes there.
Journalist: Then what happened?
Expert: They suddenly left.
Journalist: Really? When?
Expert: In the twelfth or the thirteenth century.
Journalist: Why did they leave?
Expert: Nobody knows. That's still a mystery.

5 Préparez à deux un dialogue entre un journaliste et un archéologue.
Utilise les informations que tu viens de lire sur Stonehenge ou bien cherche des informations sur *The great Pyramid of Giza, the Nazca lines in Peru…*

LESSON 4 The mysterious burglar

Listen and understand

2 Écoute le dialogue et numérote les images dans l'ordre où tu les entends.

☐ 
☐ 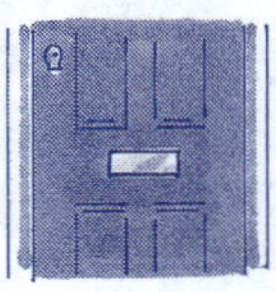
☐ jewellery
☐ 
☐ police

3 Réécoute les Bensons, et reponds aux questions.

1. What's the problem with the front door?

____

2. Who locked the front door?

____

3. Why is Mr Benson sure of that? ____

4. So, who probably broke in? ______

5. What does Poppy want to do? ______

6. Who goes in first ? ______

4 a. Relie chaque personnage avec ce qu'il cherche.

Luke	her bracelet
Poppy	his computer
Mrs Benson	the TV set
Mr Benson	the things in her room

b. Que constatent-ils ? Coche les bonne cases.

1. ☐ There is a burglar in the house. ☐ There is no burglar in the house.
2. ☐ Mr Benson can see somebody. ☐ Mr Benson can't see anybody.
3. ☐ Something is missing in the living-room. ☐ Nothing is missing in the living-room.
4. ☐ There is somebody in the kitchen. ☐ There is nobody in the kitchen.

5 *The mystery is solved*. Reponds aux questions.

1. Who is in the kitchen? ______
2. Did the Bensons know she was coming? ______

6 Utilise les mots suivants pour resumer le dialogue.

1. The Bensons – surprised – front door – locked
2. Poppy – want – police – because – scared
3. Mrs Benson – think – burglar – break in
4. Nothing – miss – upstairs – living-room.
5. The Bensons – surprised – Laura – kitchen – expect – today

______

______

______

______

______

Grammar news

A. Observe ces phrases du dialogue et complète.

There's something wrong. *I think somebody's broken in.* *I can't see anything.*
Is there anything missing upstairs? *Nothing's missing in our room.*

1. *Something* et *somebody* sont employés dans des phrases ______
2. *Anything* est employé dans une phrase ______ et une phrase ______

3. *Nothing* est employé dans une phrase qui ne contient pas de ______________________ ,
mais qui signifie qu'il n'y a ______________________ qui manque dans la pièce.

Conclusion

Les mots comme *something, anything* et *nothing* suivent les mêmes règles que ____________ , ____________ et ____________ étudiés dans le chapitre 1.

B. Coche la bonne case.

1. Le suffixe *-thing* désigne ☐ un objet. ☐ une personne.
2. Le suffixe *-body* désigne ☐ un objet. ☐ une personne.

C. *Every* indique que l'on parle de la totalité. Traduis ces phrases en français.

1. *Everything's here.* ______________________
2. *Everybody's here.* ______________________

D. Observe ces phrases du dialogue, puis réponds aux questions.

Stop panicking! *Stop talking!* *You can stop worrying.*

1. Ces formes en V + *-ing*, sont-elles des exemples du présent en *be* + *-ing* ? ☐ Oui ☐ Non

Justifie ta réponse. ______________________

2. Quel est le point commun aux 3 phrases ?

____

3. Compare maintenant ces deux phrases et traduis-les :

He started talking to his friend. ______________________

They stopped talking during the film. ______________________

Conclusion

On utilise une base verbale (V) + *-ing* après des verbes indiquant le ______________________ ou la ______________________ d'une action. Cette forme s'appelle un **gérondif**.

Your turn to speak!

2 Prépare tes questions et note les réponses de ton camarade.

____

____

____

____

Read Lost in computerland

1 Lis l'introduction et relève les informations nécessaires pour comprendre la suite.

The place: ______________________ The characters' names and their occupations:

____

What is new in the classroom? ______

______

What awful thing happened? ______

Why? ______

______

2 Relis l'introduction, lis le premier paragraphe, et réponds aux questions.

Where are they? ______

What is it made of? ______

3 Lis de la ligne 6 jusqu'à la ligne 17.

1. Relève tous les mots qui sont liés à l'ordinateur.

______

2. Qui rencontrent Mr Majeika et sa classe? ______

3. Ce personnage se définit-il seulement comme un objet électronique ? Que dit-il ?

______

4. a. De qui parle-t-il lorsqu'il emploie le pronom *she* ? ______

b. Traduis ce mot en français. ______

c. C'est un mot qui appartient au vocabulaire de ______

5. De quels adjectifs qualifie-t-il maintenant *the wall* ?

______

4 Lis la suite du texte jusqu'à la ligne 28.

1. Qui offre de l'aider ? Quelle réponse lui est donnée ?

______

2. Que dit aussitôt Mr Majeika et pourquoi ? ______

3. Pour leur expliquer ce qu'il en est, que fait le modem ?

______

4. Quelle est la réponse et qui la trouve ?

______

5 Lis la fin du texte. Que faut-il comprendre ?

1. Comment appelle-t-on en anglais le réseau internet ? ______

2. Le mot s'emploie également pour parler d'une ______

3. De quoi s'agit-il ici? ______

4. Qu'est-ce qui le fait penser ? ______

6 **Relis les lignes 1 à 9 pour en déduire les deux sens du mot *gloomy*.**

1. *The passage is gloomy because* ____________________

2. *The character is gloomy =* ____________________

7 **Imagine ce qu'a pu faire « le modem » pour être ainsi puni et ce qui va se passer ensuite.**

____

____

____

Write

Writing a statement

1 **Complète cette déposition avec ces mots.**

• when (x 6) • and (x 3) • because (x 3) • so (x 2) • then (x 2) • but (x 2)

Liz Burton and I came to London for the weekend. __________ we arrived in London, we looked for a hotel __________ all the good hotels were full. __________ we saw a small hotel near the station. __________ we went inside, it looked scary __________ it was dirty and deserted. We decided to go. We were leaving __________ a man appeared. He said he had a room for us on the ground floor*. He was very strange __________ we decided to take the room __________ we were very tired. __________ we went to bed, we locked the door and closed the window __________ we were a bit scared.

I woke up in the middle of the night. I wanted a glass of water __________ I put on the light __________ went into the bathroom. __________ I came back, I noticed that the window was open __________ Liz wasn't in her bed. __________ I looked out of the window. Suddenly, __________ I was looking out of the window, I heard a noise. Someone was trying to open the door. I was terrified __________ I climbed out of the window __________ ran away.

* ground floor (UK) = *rez-de-chaussée*

Your turn to write!

2 **Utilise les informations pour rédiger une déposition.**

____

____

____

____

____

____

3 Imagine que tu as été témoin d'un accident ou d'un vol. Rédige ta déposition.

Prépare ta rédaction. Note les noms des personnages, les faits, les circonstances

____

____

____

____

____

Écris un paragraphe en reliant certaines phases par des mots de liaison ou en formant des propositions subordonnées de temps commençant par *when*.

____

____

____

____

____

____

____

____

English and French

a. Traduis les phrases en français.

1. ____
2. ____
3. ____
4. ____

b. Complète.

1. Dans ces phrases le prétérit simple en anglais se traduit par le ______________ ou le ______________
2. Le prétérit en *be* + V-*ing* se traduit par ______________

c. Traduis ces phrases en anglais.

1. Elle lisait lorsque je suis arrivé.

____

2. Elle marchait dans le couloir quand elle vit le fantôme.

____

3. Il buvait un verre d'eau lorsqu'il entendit un bruit.

____

Project What's your favourite game?

1 Réponds aux questions.

1. What three questions must you answer in Cluedo? ______________________

____

2. What game was the ancestor of Monopoly? ______________________
3. How big is a Scrabble board? ______________________
4. What does "two little ducks" mean in Bingo? ______________________
5. Where does the Snakes and Ladders game come from? ______________________

2 Prépare ton jeu: "A murder mystery game".

C'est un jeu qui ressemble à Cluedo. Pour résoudre le mystère, il faut trouver l'auteur du crime, l'arme utilisée, et le lieu précis. Fais tes choix. Tu peux choisir parmi les propositions ou proposer tes propres idées.

- The mystery murder takes place in:

☐ a village ☐ a house ☐ a castle ☐ a city

- The six weapons are:

☐ a gun ☐ a hammer ☐ a rope ☐ a candlestick

☐ ________ ☐ ________ ☐ ________ ☐ ________

- The victim's name is ______________________
- The six suspects are

____

____

3 Explique ton jeu aux membres de ton groupe.

4 Le groupe choisit le meilleur jeu parmi les six propositions.

5 Préparez votre plateau de jeu.

- Reproduisez le jeu sur du carton épais.
- Choisis neuf endroits différents, par exemple :

  – in a village: the village square, the village store, the church, the churchyard, the pub, the tennis club, the village hall, the manor house, the farm.

  – in a castle: the dining-room, the living-room, the library, the billiard room, the kitchen, the toilet, the stairs, the hall, the corridor.

- Chaque joueur dessine trois cartes : un personnage, une arme et un lieu (une pièce, un magasin, etc.).
- Préparez également "l'enveloppe du crime" et deux dés. Chacun de vous doit se munir d'un carnet de détective.

6 A vous de jouer !

- Vous êtes six détectives.
- Battez les trois paquets de cartes. Demandez à votre professeur de mettre un personnage, une arme et un nom de lieu dans "l'enveloppe du crime". Pour résoudre le mystère, il faut trouver l'auteur du crime, l'arme utilisée, et le lieu précis.
- Distribuez les cartes. Éliminez d'abord de votre enquête les personnages, les armes et les noms de lieux que vous avez en main.
- Faites rouler le dé et avancez votre pion d'autant de cases que le nombre indiqué.
- Lorsque vous êtes dans une pièce ou un endroit précis, vous pouvez faire une suggestion (exemple : *I suggest it was Mr X in the living-room with the revolver*). Pensez à écrire les réponses des autres joueurs dans votre carnet de détective. Vous pouvez faire des suggestions sur les cartes que vous détenez pour tromper les autres joueurs.
- Lorsque, par déductions successives, vous pensez avoir trouvé la solution du mystère, vous pouvez faire une accusation (example : *I accuse Mr Watson. He killed Mrs Y in the pub with the knife.*). Attention, vous n'avez droit qu'à une seule accusation par jeu. Si vous vous êtes trompé, vous ne pouvez plus faire de suggestions ni d'accusation mais vous devez continuer à jouer pour répondre aux accusations des autres joueurs.

ÉVALUE-TOI !

Lexique

1. J'écris les mots dont je me souviens.

- Cinq noms utilisés dans une histoire policière.

1. ______________________ 4. ______________________

2. ______________________ 5. ______________________

3. ______________________

- Cinq verbes utilisés dans une histoire policière.

1. ______________________ 4. ______________________

2. ______________________ 5. ______________________

3. ______________________

2. Je traduis cinq expressions.

- Ne sois pas ridicule ! = ______________________
- Calme-toi ! = ______________________
- Tu vois bien, il n'y a pas que moi. = ______________________
- Quel est le problème ? = ______________________
- Je vais voir. = ______________________

☺ J'ai retenu. 😐 Je dois encore apprendre. ☹ Je n'ai pas encore acquis.

Grammaire

1. J'ai compris comment utiliser les composés de *some, any* et *no*. Je traduis.

- Il y a quelqu'un dans la cuisine.
- Il n'y a personne dans la maison.
- Est-ce qu'il y a quelque chose dans ton sac ?
- Je n'ai rien dans mes poches.
- Est-ce que tout le monde est ici ?
- Je comprends tout.

2. J'ai compris comment former et quand utiliser le gérondif. J'écris deux phrases.

1. *children / hate / do / their homework.*

2. *yesterday / they / start / play / football / 2 à'clock*

3. J'ai compris comment former et utiliser le prétérit en *be* + V-*ing*. J'écris deux phrases avec une proposition en *when*.

1. *I / have dinner / when / phone / ring*

2. *she / walk home / when / see / accident*

J'ai compris. Je dois revoir. Je n'ai pas encore compris.

Connaissances culturelles

Je me souviens d'un grand site préhistorique anglais.

- Il s'appelle ______________________
- il se trouve dans ______________________
- Il a été construit vers ______________________
- Il a été difficile à construire parce que ______________________

• Je crois qu'il fut construit comme ____

____

☺ J'ai retenu. 😐 Je dois encore apprendre. ☹ Je n'ai pas encore acquis.

Expression écrite

Je peux témoigner par écrit que j'ai assisté à un accident, un vol...

☺ Je suis capable. 😐 Je suis presque capable. ☹ Je ne suis pas encore capable.

Expression orale

- [ ] Je sais interroger un camarade sur ce qu'il a vu ou entendu.
- [ ] Je sais demander à quelqu'un ce qu'il/elle faisait quand un incident s'est produit.
- [ ] Je peux raconter ce que j'ai vu ou entendu.
- [ ] Je peux expliquer la solution d'une énigme.

Compréhension orale

☺ Je comprends presque tout. 😐 Je comprends un peu. ☹ J'ai du mal à comprendre.

CHAPTER 8

The latest thing

LESSON 1 The world of fashion

1 Commence ici une liste de mots associés aux vêtements et à la mode. Ajoute d'autres mots au fur et à mesure.

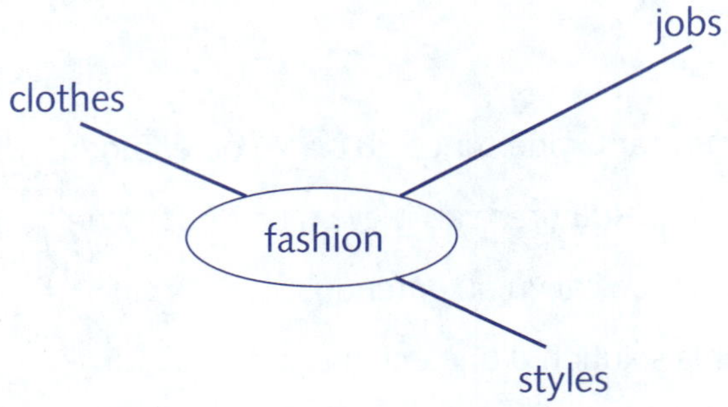

2 a. Coche tous les adjectifs que tu entends.

- ☐ romantic
- ☐ informal
- ☐ successful
- ☐ formal
- ☐ unsuccessful
- ☐ funny
- ☐ fun
- ☐ sophisticated
- ☐ personal

b. Lesquels de ces adjectifs sont utilisés pour décrire des vêtements ?

____

c. Complète les phrases.

1. The photographer thinks he is successful because he knows how to

______________________.

2. He thinks a model has to ______________________ with the clothes she wears.

3. He compares models to ______________________.

He compares fashion photographers to ______________________

3 a. Lequel de ces hauts est celui que décrit la styliste. Coche la bonne case.

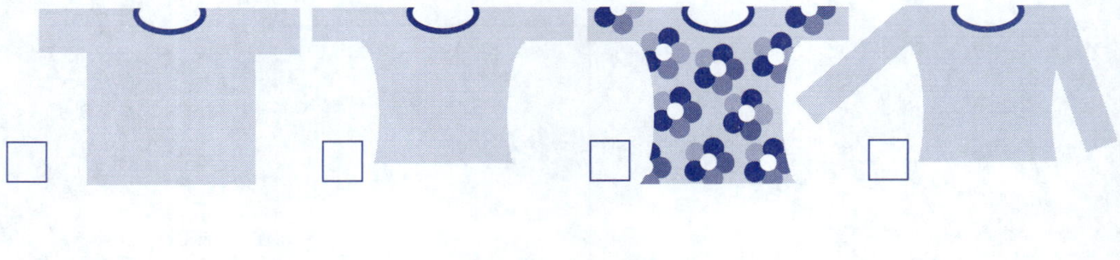

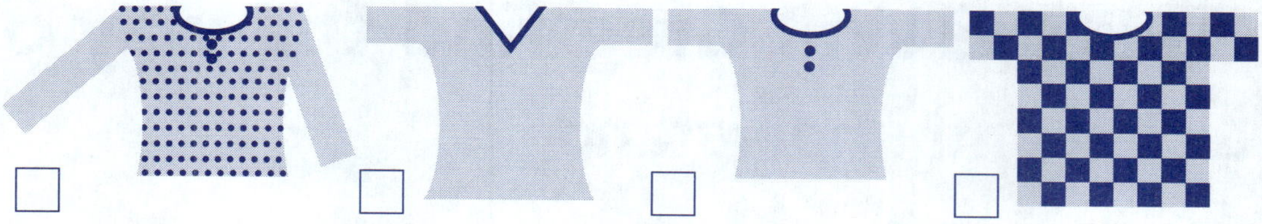

4 a. Prends des notes sur ce dont on a besoin pour être mannequin.

figure?	
skin, hair, teeth?	
the important thing?	

b. Quels sont les avantages et les inconvénients du métier de mannequin, selon Belinda et le journaliste ?

The advantages	The disadvantages
1. Belinda says you can ______ 2. The interviewer says models wear ______ 3. The interviewer doesn't think modelling is ______	1. Belinda says it's ______ 2. Belinda says you can only ______

The sound of English

2 Classe les mots suivants selon le son « th ».

• *teeth* • *father* • *thank* • *cloth* • *they* • *mouth* • *clothes*
• *with* • *healthy* • *brother* • *them* • *think* • *south* • *thin*

[ð]	[θ]

3 Souligne la syllabe accentuée

• *informal* • *unhappy* • *colourful* • *beautiful* • *wonderful*
• *unfair* • *unhealthy* • *unhappy* • *incorrect*

4 Dictée.

______
______
______
______

LESSON 2 Will Greg find the way out?

Listen and understand

2 Complète ce résumé.

Luke and Greg ______________________ a video game. ______________ is holding the joystick and ______________ is telling him what to do because he is at level __________ – Greg is only at level __________. Mrs Benson wants the boys to ____________________ because it's ____________________ tomorrow.

3 a. Numérote les images dans l'ordre où tu les entends.

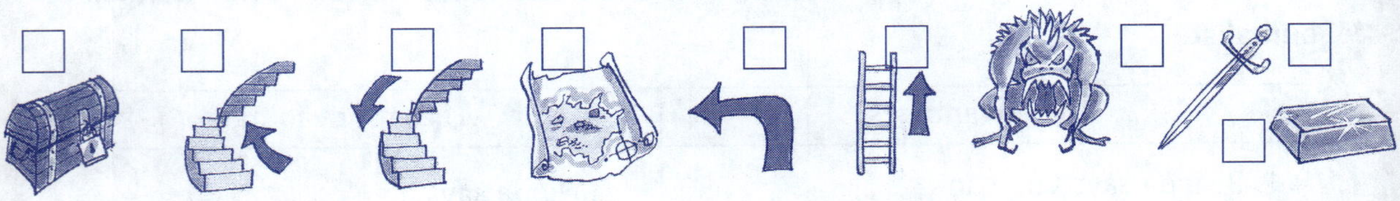

b. Complète les phrases.

1. At the beginning, Greg is in a dangerous room. It's dangerous because __________ lives there. Therefore, he goes __________
2. Then, he climbs up the __________ and __________
3. He sees a ____________________ and looks inside. He sees a __________, a __________ and a __________
4. If he takes the __________ , perhaps he can find his __________
5. But suddenly a __________ appears, so Greg uses the __________ .
6. Mrs Benson thinks Greg and Luke __________ too much time in front of the __________
7. They can play for __________ minutes.

c. Complète avec *could, should, shouldn't.*

Luke: If you don't want to die, you ______________ go back right now!

Greg: OK. I'll go back. Right. Where ______________ I go now?

Luke: You ______________ climb up that ladder and then turn left.

Luke: Look! There's a treasure chest over there. You __________ look inside it.

Greg: OK. Oh, cool! Three things. What ______________ I take?

Luke: Well, you ______________ take the map. Then perhaps you ______________ find your way out.

Mrs B: Luke! Do you know what time it is? You ______________ spend so long in front of the computer! And you ______________ stay up so late.

4 Conclusion. Complète les phrases.

__________________ is better at the game than __________________ because he is at level __________________ So he tells __________________ what he __________________ do. He also gives him ideas and tells him what he __________________ do. Mrs Benson tells the boys they __________________ spend so long in front of the __________________ because __________________ She also says they ______________________________ late because __________________

5 Utilise les mots suivants pour résumer le dialogue.

1. Greg – dangerous – room – because – monster – live – that's why – go back
2. Luke – thinks – Greg – go back – then – climb up – ladder – turn left
3. Greg – open – treasure chest – and – find – three things – ingot – map – sword
4. If – Greg – take – map – then – find – way out
5. Greg – take – sword – because – monster
6. Mrs Benson – irritated – because – the boys – go to bed
7. They – spend – time – computer – because – bad – eyes
8. They – stay up – late – because – school – tomorrow

____

____

____

____

____

____

____

____

Grammar news

A. Observe et recopie.

Observe les phrases que tu as complétées par *should* (exercice 3c) et recopie-les dans ce tableau.

forme affirmative	forme interrogative	forme négative

Conclusion

Should est un ______________ de modalité. À la forme pleine, *shouldn't* s'écrit ______________

B. Réfléchis au sens.

1. Lis ces phrases.

Luke: *If you don't want to die, you should go back right now!*
Greg: *Where should I go now?*
Mrs Benson: *You shouldn't spend so long in front of the computer!*

2. Qui fait quoi ? Relie par une flèche chaque personne à son action.

Mrs Benson — donne un conseil.
Luke — demande conseil.
Greg — déconseille.

Conclusion
Should est un modal qui exprime le ______________

C. Observe, réponds ou coche la bonne case.

1. Observe les phrases de l'exercice 3c que tu as complétée avec *could.*
2. Qui parle dans ces phrases ? ______________________________
3. L'énonciateur veut ☐ donner un conseil. ☐ faire une suggestion.

Conclusion
Could est un modal qui peut exprimer ______________________________

D. Observe et traduis.

1. Tu peux compléter la phrase suivante avec *could* ou avec *should* : *Do you think we* ______________ *invite Kevin to the party?*
2. Que veut-elle dire dans chaque cas ?

a. Avec *could*:

____

b. Avec *should* :

____

E. Souviens-toi des autres auxiliaires de modalité que tu as appris. Complète le tableau.

pour exprimer...	j'utilise...
une permission	
une capacité	
une obligation	
une prédiction	

Your turn to speak!

6 Prépare tes idées pour organiser le week-end.

Possible destinations? ______________________________

Possible activities? ______________________________

____

LESSON 3 Go shopping!

Listen! A culture flash

1 Coche ce que tu entends.

1. Levi Strauss came from ☐ America. ☐ France. ☐ Germany.
2. Levi Strauss made jeans for ☐ sailors. ☐ miners. ☐ immigrants.
3. Denim is
☐ a heavy cotton from France. ☐ a material from Italy. ☐ an American town.
4. The name "jeans" is originally ☐ French. ☐ Italian. ☐ American.

2 a. Écoute Morgan et Amanda et coche les noms que tu entends.

☐ New York ☐ Washington ☐ Westchester Mall ☐ Brooklyn
☐ Levis ☐ American Eagle ☐ Jefferson Valley Mall

b. Coche les bonnes cases pour compléter le tableau.

What do they like?				
	shopping	window-shopping	buying	spending all day in the mall
Morgan				
Amanda				
other people				

c. Coche les bonnes cases pour répondre aux questions.

1. What does Morgan buy?
☐ clothes ☐ videos ☐ handbags ☐ CDs ☐ shoes
2. What sort of clothes does Amanda like?
☐ sophisticated ☐ trendy ☐ stylish ☐ cute
3. How often does Amanda go shopping?
☐ every month ☐ every day ☐ every week
4. Who takes Amanda to the mall? ____________________
5. Why? ____________________

3 a. Mesure ton tour de taille, ton tour de poitrine et ton tour de hanches. Puis convertis-les en pouces et complète le tableau.

	centimetres	inches
waist		
chest/bust		
hips		

b. Que signifie les lettres suivantes ?

XS = extra ______________ S = ____________________ M = ______________________

L = ______________________ XL = ______________________

Act out!

4 Lis les dialogues à haute voix.

Assistant: Can I help you?
Man: I'm looking for a pair of trainers.
Assistant: What colour are you looking for?
Man: Black.
Assistant: What size do you take?
Man: Size 8.
Assistant: Well, there is only one pair of black trainers left in your size. Would you like to try them on?
Man: Sure. How much are they?
Assistant: They're £45.
Man: All right. [...] Oh, no. They're too tight. Are you sure they're the right size?
Assistant: Yes, size 8.
Man: Oh well. Maybe I need a bigger size. Thanks anyway.

Assistant: Can I help you?
Woman: Yes, please. I'm looking for a top.
Assistant: Plain or patterned?
Woman: Patterned, I think. How much is this one? It's really pretty.
Assistant: It's £25. It's quite dressy so you could wear it to go out.
Woman: £25. It's not cheap.
Assistant: Why don't you try it on? The fitting rooms are over there.
Woman: All right.
Assistant: That looks nice. The colour really suits you.
Woman: It's a bit big for me, I think.
Assistant: It's a size 12. Why don't you try a size 10?
Woman: OK. [...]
Assistant: How's that?
Woman: Much better. It fits perfectly.
Assistant: It looks good on you.
Woman: Yes, it does, doesn't it. Right, I'll take it.

5 Si tu es « A », prépare les informations (ce que tu cherches, ta taille, etc.). Si tu es « B », prépare tes questions pour le client.

A. ____

____

____

B. ____

____

____

LESSON 4 A new jumper

Listen and understand

2 a. Numérote les adjectifs dans l'ordre où tu les entends.

☐ nice ☐ expensive ☐ annoying ☐ trendy
☐ warm ☐ new ☐ pretty ☐ late

b. Note les goûts de Poppy et ceux de sa mère. Complète la grille en utilisant ces symboles.

****** = She likes … a lot/very much. She loves … ***** = She quite likes …
X = She doesn't like … very much. **XX** = She doesn't like … at all. **?** = We don't know.

	Poppy	Mrs Benson
Sophie Williams		
the first shop		
the second shop		
the jumper in the first shop		
the jumper in the second shop		
the jacket		

c. Partage tes impressions avec ton voisin. Complète les phrases.

1. Poppy ______________________ the jumper in the first shop because ______________________ and she thinks ______________________
2. Mrs Benson ______________________ it because ______________________
3. Poppy ______________________ the jacket in the second shop.
4. Mrs Benson thinks Poppy needs a ______________________
5. Poppy ______________________ the jumper in the second shop because she thinks ______________________

3 Complète avec *the most annoying, the best one, the prettiest, the most expensive, the most intelligent, the most fashionable*.

Poppy: She's ______________________ person I know. She thinks she's ______________________ and ______________________ girl in the whole school!

Mrs Benson: All right, all right. It's too expensive anyway. This is ______________________ clothes shop in Islington.

Poppy: Yes, but it's ______________________. It's really trendy.

4 Complète avec *the nicest, the warmest one, the latest.*

Poppy: ...it's ______________________ jacket in the shop!

Mrs Benson : You don't need a new jacket.

Poppy : Oh please, Mum!

Mrs Benson : Let's have a look at the jumpers. Ah, this looks like ______________________ Why don't you try it on?

Poppy: It's not exactly ______________________ fashion, Mum.

5 a. Que pense Poppy de Sophie Williams ? Pourquoi ?

____

____

____

b. Qu'est ce qui réconcilie Poppy avec sa mère?

____

6 Utilise les mots suivants pour résumer le dialogue.

1. Poppy – her mother – shop – trendy – Islington
2. Mrs Benson – like – jumper – but – Poppy – not like – because – Sophie Williams – one
3. Sophie – annoying – because – think – pretty – fashionable – intelligent – school
4. In – shop – across – Poppy – see – jacket – half price – sale
5. Mrs Benson – say – Poppy – not need – jacket – but – jumper
6. Poppy – not like – jumper – not – latest – fashion
7. Mrs Benson – ask – Poppy – try – on
8. Poppy – not want – jumper – say – bad – day – life
9. Mrs Benson – say – Poppy – can – try on – jacket
10. Poppy – delighted

____

____

____

____

____

____

____

____

____

____

____

Grammar news

A. Complète et réponds aux questions.

1. Poppy n'aime pas du tout Sophie Williams. C'est la fille qui l'agace le plus. Pour en parler, elle dit : *She is* ______________________ Elle emploie le superlatif, c'est à dire l'adjectif ______________________ précédé de __________

2. Lorsqu'elle montre à sa mère la veste qu'elle trouve la plus jolie, elle dit :
It's ______________________ *jacket.*
Elle emploie l'adjectif ________________ + ______________ précédé de ____________

B. Classe les superlatifs que tu as relevés dans le dialogue.

superlatifs en « *-est* »	superlatifs avec *most*
1.	1.
2.	2.
3.	3.
4.	4.
5.	

Conclusion
On emploie "*the* ... *-est*" avec les adjectifs ______________ et *the most* avec les adjectifs ______________

C. Complète.

Lorsque Poppy dit it's *the best one* et *This is the worst day of my life*, elle emploie des superlatifs mais ils sont différents.

The best est le superlatif de ______________

The worst est le superlatif de ______________

Ce sont des superlatifs ____________________ Il faut les apprendre par cœur.

Read W.W.W. ...

1 Souviens-toi des personnages de l'histoire. Puis lis le passage en entier sans t'arrêter sur les mots que tu ne comprends pas.

2 Mungo le prisonnier. Relis du début du texte jusqu'à ...*Pete* (l. 17).

1. Note à quel personnage le pronom *she* renvoie. ______________________

2. Recopie les deux raisons pour lesquelles Mungo a été fait prisonnier.

____

____

3. Mungo a trouvé son inspiration dans une *nursery rhyme*. La connais-tu ?

____

4. Mungo emploie des expressions injurieuses. Quel personnage décrit-il ?

____

5. Quels sont les deux verbes qui expriment les menaces de Mungo ?

____

6. Quels sont les adjectifs négatifs qu'emploie Mungo ?

____

3 La Webmistress. Relis la suite jusqu'à ...*in it* (l. 30).

1. Qu'est-il arrivé au pauvre Mungo ? ____

2. Que répond-il à Thomas qui veut l'aider ? ____

3. Hamish se met à bégayer. Pourquoi ? ______________________

Que veut-il savoir ? ______________________

4. Recopie la définition de la toile selon Mungo. ____

4 Relis la fin tu texte.

Qui est donc la Webmistress ? Une créature magique ? Le World Wide Web ?

____

Write

"Teen Mag"

1 a. Complète ce courrier d'une lectrice à l'aide de *should(n't)* et de *could*.

Dear Kimberley,

I went to Australia last year in July. I only took shorts and T-shirts! I realised my mistake when I arrived in Melbourne. It was 10°C!

You ______________ take warm clothes with you. But you ______________ forget your sunglasses because it's often very sunny. On the other hand, take a raincoat too because it ______________ rain. One more thing, if you want to visit Sydney, you'll have to walk a lot so you ______________ take some comfortable shoes. I hope this helps!

Jessie (13),

b. Que peux-t-on conclure sur les saisons aux antipodes ?

Europe		Australia
spring	March	
summer	June	
autumn	September	
winter	December	

Your turn to write!

3 a. Prepare ta réponse.

Fais une liste des idées qui te viennent à l'esprit sur le problème posé.

____

____

____

____

b. Décide pour chacune de ces idées...

- Il s'agit d'une suggestion. J'emploie ____________________
- Il s'agit d'un conseil. J'emploie ____________________
- Il s'agit d'une mise en garde. J'emploie ____________________

c. Écris ta réponse en t'aidant du courrier précédent.

____

____

____

____

____

English and French

a. Compare l'anglais et le français. Observe les phrases et complète les explications.

1. It's difficult to find a job. *C'est difficile de trouver un boulot.*
Dans cette phrase, « 's » est ____________________
2. My mother's got very firm ideas. *Ma mère a des idées très arrêtées.*
Dans cette phrase, « 's » est ____________________
3. My father's opinion is that... *L'avis de mon père, c'est que...*
Dans cette phrase, « 's » est ____________________
4. There's a horrible bully in my class. *Il y a une affreux tyran dans ma classe.*
Dans cette phrase, « 's » est ____________________
5. We'll print them in next month's issue. *Nous les imprimerons dans le prochain numéro.*
Dans cette phrase, « 's » est ____________________

b. Traduis les phrases suivantes. Utilise les formes contractées quand c'est possible.

1. Mon vélo est trop vieux. ______________________

2. Il a un problème ! ______________________

3. Le teeshirt de Matthew est trop serré.

____

4. Elle fait les courses en ce moment.

____

5. Ma mère a une nouvelle voiture. ______________________

6. Il y a du soleil en hiver dans notre pays.

____

Project What's cool?

1 Observe cette double-page et classe les objets dans ce tableau.

	fashion	high-tech products
Picture N° 1		
Picture N°2		
Picture N°3		
Picture N°4		
Picture N°5		
Picture N°6		
Picture N°7		
Picture N°8		
Picture N°9		

2 Que penses-tu de ces objets ?

	picture number	name of product
the most useful		
the funniest		
the coolest		
the cleverest		
the silliest		

5 Prépare tes arguments. Écris trois raisons pour lesquelles tu penses que le projet de ton groupe est le meilleur.

____

____

____

ÉVALUE-TOI !

Lexique

1. J'écris les mots dont je me souviens.

noms relatifs au monde de la mode	adjectifs concernant la mode
J'ai trouvé _______ noms.	J'ai trouvé _______ adjectifs.

2. Je traduis les expressions suivantes.

- Quelle taille fais-tu ? ______________________________
- Cela te va bien. ______________________________
- C'est trop serré. ______________________________
- Puis-je l'essayer ? ______________________________
- Fais-moi confiance ! ______________________________

☺ J'ai retenu. 😐 Je dois encore apprendre. ☹ Je n'ai pas encore acquis.

Grammaire

1. J'ai compris comment former un superlatif de supériorité. Je complète le tableau.

adjectif	forme superlative
trendy	
late	
good	
fashionable	
happy	

adjectif	forme superlative
bad	
nice	
warm	
expensive	
rich	

2. J'ai compris comment utiliser les auxiliaires de modalité. En choisissant le bon auxiliaire…

- j'écris une demande de permission : *I / go to the toilet, please?*

____

- j'écris une phrase exprimant une capacité : *he / swim very well*

____

- j'écris une obligation : *you / learn these verbs*

____

- j'écris une prédiction : *she / win the race*

____

- j'écris un conseil : *you / listen to the teacher*

____

☺ J'ai compris. 😐 Je dois revoir. ☹ Je n'ai pas encore compris.

Connaissances culturelles

1. Je me souviens de ma taille de vêtements et de ma pointure.

- en Angleterre : vêtements ____________ ; chaussures ____________
- aux États-Unis : vêtements ____________ ; chaussures ____________
- il se trouve dans ____________

2. Je me souviens de l'origine des jeans.

- le mot *jeans* vient de ____________
- le mot *denim* vient de ____________
- les jeans Levi Strauss étaient fabriqués pour les ____________

____

☺ J'ai retenu. 😐 Je dois encore apprendre. ☹ Je n'ai pas encore acquis.

Expression écrite

Je peux écrire à un magazine pour demander un conseil.

☺ Je suis capable. 😐 Je suis presque capable. ☹ Je ne suis pas encore capable.

Expression orale

- [ ] Je sais proposer à un camarade des idées de jeux ou de sorties.
- [ ] Je sais faire mes courses dans un magasin.
- [ ] Je peux dire quelle est ma vedette préférée et en quoi elle est la meilleure.
- [ ] Je peux dire quels ont été mes vêtements, mes objets, mes jeux préférés cette année.

Compréhension orale

☺ Je comprends presque tout. 😐 Je comprends un peu. ☹ J'ai du mal à comprendre.

CHAPTER 9

The British and the world

LESSON 1 A nice cup of tea

Listen and understand

2 a. Numérote les images dans le bon ordre.

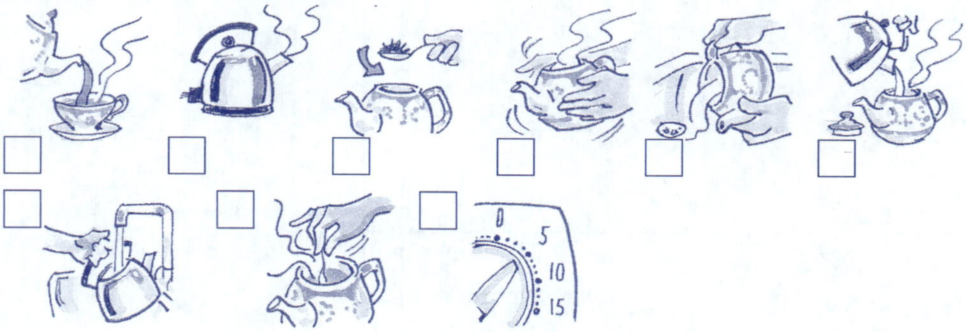

b. Complète ces catégories.

actions (verbs)	objects	ingredients

c. Que signifient ces expressions ?

tea bag : ______________________ teapot : ______________________

teaspoon : ______________________ teacup : ______________________

teatime : ______________________ tea break : ______________________

tearoom : ______________________

3 Quand ont-ils commencé à boire du thé ? Relie les nationalités et les dates.

The British	2700 BC
The Portuguese	the 16th century.
The Dutch	1650.
The French	the 17th century.
The Chinese	

b. Écris la légende de l'origine du thé.

____

____

____

4 Complète les phrases.

Fortune was a ______________ and, from ______________ to ______________, he travelled around China disguised as a Chinaman and stole ______________ of ______________. He then ______________ the plants to India, a ______________ colony with a climate that was ______________ for tea production.

5 a. Trace sur cette carte la route empruntée par les *clippers* pour transporter le thé.

Distance : ______________

Time: ______________

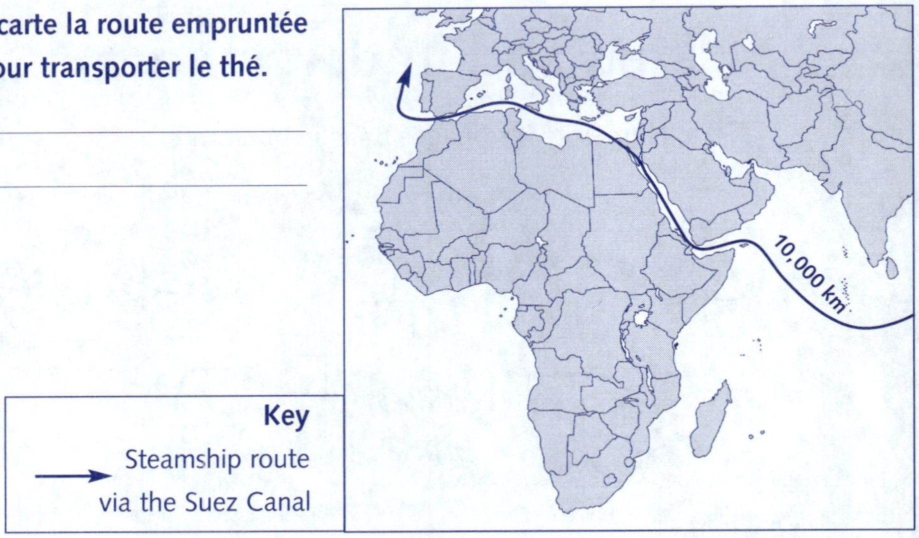

The sound of English

1 1. Classe les mots selon le son de la voyelle « u ».

• *sugar* • *funny* • *fortune* • *under* • *production* • *result* • *produce* • *solution* • *figure* • *bus*

[ʌ]	[juː]	[ʊ]

3 Dictation.

____

____

____

____

LESSON 2 No more pizzas!

Listen and understand

2 a. Numérote les images.

☐

☐

☐

☐

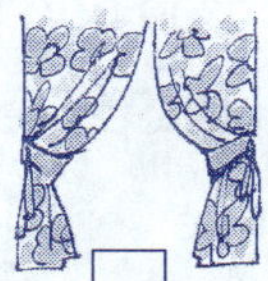
☐

☐

☐

☐

b. Complète les phrases.

1. First Mrs Benson and Poppy are at ________________
2. Mrs Benson says ________________ have transformed the place.
3. Luke hasn't lost his job. He ________________
4. Mr Benson thinks Mrs Benson and Poppy ________________

____
5. He has forgotten that ________________

____

3 a. Coche tout ce qui est nouveau ou tout ce qui a changé selon Poppy et Mrs Benson.

- ☐ the name of the place
- ☐ the door
- ☐ the tables
- ☐ the curtains
- ☐ the waiter
- ☐ the flowers
- ☐ the colour of the walls
- ☐ the windows
- ☐ the chairs
- ☐ the people
- ☐ the tablecloths
- ☐ the candles

b. Écris la phrase résume les changements.

____

c. Complète avec les verbes suivants.

• *'ve put up* • *has become* • *'s changed* • *has sold* • *have bought* • *have … altered*
• *'ve put* • *have … done* • *'ve painted* • *'ve bought*

Mrs Benson: *Speedy Pizza* ________________ an English tearoom.

Mr Benson: You mean Mr Rossi ________________ it?

Mrs Benson: Yes. Two English ladies ________________ it.

Poppy: It's so different now.

Mr Benson: Really? What ________________ they ________________?

Mrs Benson: Everything ________________ ! They ________________ the walls, they ________________ some nice curtains, they

________________ new tables and chairs. What else

________________ they ________________, Poppy?

Poppy: They ________________ tablecloths on the tables.

d. Observe et conclus. Complète les phrases et les tableaux.

1. Pour rappeler à Mr Benson que *Speedy Pizza* a changé de propriétaire, de nom et de décoration, Mrs Benson et Poppy emploient l'auxilaire ________________ suivi du participe passé. Cette forme verbale s'appelle le *present perfect*.

2. Mrs Benson et Poppy utilisent trois verbes réguliers. Lesquels ?

V	participe passé
1.	
2.	
3.	

3. Mrs Benson et Poppy utilisent cinq verbes irréguliers. Lesquels ?

V	participe passé
1.	
2.	
3.	
4.	
5.	

4 a. Décris le nouveau salon de thé en deux phrases.

1. ________________________________

2. ________________________________

b. Complète la phrase.

I think Poppy's idea is ________________

5 Utilise les mots suivants pour résumer le dialogue.

1. old ladies – transform – Speedy Pizza – into – tearoom
2. Luke – tell – Mr Benson – last week – but – forget
3. Mr Rossi – sell – restaurant
4. ladies – change – everything – walls – curtains – tables – chairs – tablecloths
5. now – cosy – and – English

____

____

____

____

____

Grammar news

A. Observe et complète les phrases.

1. *Mr Rossi has sold Speedy Pizza.*

La phrase est formée de ________________ + *sold*, le participe passé du verbe ________________

2. *Have you finished ?*

C'est une forme ________________

Elle est formée de ________________ + ________________ + le participe passé de ________________

3. *Finished* est le participe passé d'un verbe ________________ Il se forme comme le ________________

4. *Sold* est le participe passé d'un verbe ________________

B. Classe les formes verbales que tu as relevées en 3c.

Verbes réguliers	Verbes irréguliers
Formes pleines	
Formes contractées	

C. Refléchis et complète les phrases.

1. Mrs Benson dit à la vieille dame : *You've transformed the place*. Elle admire le salon de thé. Elle parle de la situation ________________

Elle félicite la dame pour les transformations qu'elle a faites dans la pizzeria.

2. Lorsque Mrs Benson dit *Everything's changed*, elle remarque tous les changements. Elle parle de la situation ________________ Les dames les ont faits avant d'ouvrir leur salon de thé. Mrs Benson fait le lien avec le ________________.

D. Traduis, réponds et complète.

1. Traduis ces deux phrases.

a. *Has Luke left Speedy Pizza?*

____

b. *Luke told us last week.*

____

2. Quel temps as-tu employé en français? ________________

Ce temps met l'accent sur le ________________

3. Dans la phrase a, Mr Benson interroge sur la situation ________________

4. Dans la phrase b, Mrs Benson lui rappelle une situation ______________ Quelle expression te l'indique ? ______________

Quel temps emploie Mrs Benson ? ______________

Conclusion

- *Have* + verbe au participe passé est un temps ______________ La personne qui l'emploie fait le lien entre le ______________ (l'auxiliaire *have*) et le ______________ (le participe passé).
- Pour parler d'un passé entièrement terminé, on emploie le ______________

LESSON 3

From Empire to Commonwealth

Listen! A culture flash

1 a. Complète le tableau.

imports	origin
tea	Asia

b. Réponds aux questions.

Queen Elizabeth I

1. When was she born and when did she die?

____

2. What did she create in 1600?

____

Queen Victoria

1. In which century was she born? ______________
2. She became queen when she was 18. How long did she reign? ______________
3. When did she become Empress of India? ______________

Find out about...

2 a. Lis le texte et réponds aux questions.

1. What is the Commonwealth? Who are the members?

____

____

2. Why do the countries meet every four years?

____

____

b. Fais une recherche sur internet pour découvrir quels pays vont participer aux prochains jeux du Commonwealth.

1. How many countries are going to participate? ____________

2. Write the name of one participating country from each of these regions:

Europe: ____________

Asia: ____________

North America: ____________

South America: ____________

the Caribbean: ____________

Africa: ____________

3 Observe le *Sports program* et réponds aux questions.

1. When will the Games begin? ____________
2. When will they finish? ____________
3. How many days will they last? ____________
4. What ball games are played in the Commonwealth games?

____

5. What two combat sports are played?

____

6. In what competition do you need a gun? ____________
7. What sports are called Aquatics?

____

8. Lawn bowls is a British game. You play with big wooden balls

☐ on grass. ☐ on a court. ☐ in a gymnasium. ☐ in a swimming-pool.

Act out!

4 Un journaliste interroge un membre du comité olympique. Lis l'interview à voix haute avec un(e) camarade.

Journalist: Can I ask you some questions about the next Olympic Games?
Member: Yes, of course.
Journalist: First of all, where will they take place?
Member: They'll take place in Beijing, China.
Journalist: When will they take place?

Member: In 2008.
Journalist: When will the opening ceremony be?
Member: I don't know.
Journalist: Where will it take place? Do you know?
Member: Yes, at the National Stadium.
Journalist: And, lastly, how long will the Games last?
Member: Ten days, I think.

LESSON 4

Where are you going on holiday?

Listen and understand

2 **a. Note l'url que Greg entre dans son ordinateur et complète les phrases.**

The website address is ____________________ Greg is typing this address because, before ____________________, he wants to ____________________

b. Complète ces phrases sur les espoirs de Greg.

1. Greg is looking forward to ____
2. His cousin is good at ____________________ so Greg hopes ________________
____

c. Complète le tableau avec les différent lieux, moyens de transport et activités dont on parle dans le dialogue.

Destination	Means of transport	Activity

3 **a. Inscris les groupes verbaux suivants dans les bonnes cases.**
• *flying* • *drive long distances* • *wait* • *visit museums* • *visit churches* • *lie on a beach* • *do nothing* • *go to Cornwall* • *fly* • *go abroad*

	like	dislike
Poppy		
Luke		
Mr Benson		
Mrs Benson		

b. Complète les phrases avec *afraid of, fed up with, like, can't stand, hate, love, interested in, keen on*.

Poppy: Well I'd like to go abroad. But Dad doesn't ______________ driving long distances, and Mum's not ______________ flying.

Greg: You mean she's ______________ flying?

Luke: No. But after waiting for 6 hours at Heathrow a few years ago, Mum got really angry. She ______________ waiting.

Poppy: I expect we'll go to Cornwall again.

Luke: I'm ______________ going to Cornwall.

Greg: It's very beautiful though, isn't it?

Luke: Yes, but Mum and Dad ______________ visiting museums and churches…

Poppy: And Luke ______________ visiting museums, don't you Luke? […] You're more ______________ lying on a beach and doing nothing

c. Classe les expressions suivantes dans le tableau.

• *like* • *be keen on* • *be fed up with* • *look forward to* • *hate* • *love* • *can't stand* • *be* • *afraid of* • *be interested in*

positive feeling	negative feeling

4 Utilise les mots suivants pour résumer le dialogue.

2. Before – visit – Australia – Greg – want – find – information
3. Greg – look forward to – see – wildlife
4. Greg – cousin – good – surf
5. Mr and Mrs Benson – go abroad – because – like - drive long distances – keen on – fly
6. Mrs Benson – afraid of – fly – but – can't stand – wait – airport
7. Luke – fed up with – go – Cornwall
8. Poppy – say – Luke – hate – visit – museums
9. Luke – more interested – relax – beach

____

____

____

____

____

____

____

Grammar news

A. Observe et recopie.

1. Observe les expressions que tu as classées dans l'exercice 3c et reclasse-les dans le tableau suivant.

V + V + *-ing*	préposition + V + *-ing*

2. Les expressions dans la colonne de gauche sont employées par une personne qui parle d'une activité qu'elle ______________ ou qu'elle ______________ pas.

Conclusion

J'utilise V + *-ing* après les verbes qui expriment un ______________ ou un ______________, et après toutes les prépositions. Cette forme verbale s'appelle le ______________

B. Classe d'une autre manière les verbes et expressions dans le tableau.

Pour exprimer :

le goût	le dégoût	la crainte	l'impatience

C. Complète et réponds.

1. Relève dans l'exercice 2b (p. 136) une autre expression suivie d'un gérondif : ______________

Cette expression signifie : ______________

2. Peux-tu déduire comment on dirait « je suis mauvais en natation » ?

____

3. Relève dans l'exercice 3b la traduction de « après avoir attendu » : ______________

4. Retrouve comment dire : « avant d'aller en Australie » ?

____

Your turn to speak!

5 Choisis la colonie de vacances que tu préfères (p. 139).

Toolbox

- hiking = *randonnée*
- rockclimbing = *escalade*
- scubadiving = *plongée*

Name	Bear Camp	Turtle Camp	Dolphin Camp	Starfish Camp	Eagle Camp
Location	Kendal, the Lake District	Brighton (by the seaside)	Swansea, Wales (by the seaside)	Bude, Cornwall	St Andrews, Scotland
Activities	hiking, rockclimbing, role playing games	surfing, scubadiving, video games	kite surfing, beach volleyball, cooking	canoeing, surfing, acting	mountain biking, golf, birdwatching, breakdancing

Read Rikki-tikki-tavi

Rikki-tikki-tavi was a mongoose who lived in India. This is the story of his meeting with Nag the cobra…

One day a high summer flood washed him out of the burrow where he lived with his father and mother. When he revived, he was lying in the hot sun on the middle of a garden path, and a small boy was saying: "Here's a dead mongoose. Let's have a funeral!"

"No," said his mother, "Let's take him in and dry him. Perhaps he isn't really dead."

They took him into the house and a big man picked him up between his finger and thumb and said he was not dead but half choked; so they wrapped him in cotton wool and warmed him over a little fire, and he opened his eyes and sneezed.

"Now," said the big man (he was an Englishman who had just moved into the bungalow), "Don't frighten him, and we'll see what he'll do."

It is the hardest thing in the word to frighten a mongoose, because he is eaten up from nose to tail with curiosity. The motto of all the mongoose family is, "Run and find out," and Rikki-tikki was a true mongoose. He looked at the cotton wool, decided it was not good to eat, ran around all the table, sat up and put his fur in order, scratched himself, and jumped on the small boy's shoulder. […]

Then Rikki-tikki went out into the garden to see what was to be seen… "This is a splendid hunting ground," he said […] and he scuttled up and down the garden till he heard very sorrowful voices in a thorn bush. It was Darzee, the tailor bird, and his wife.

"What is the matter?" asked Rikki-tikki.

"We are very miserable," said Darzee. "One of our babies fell out of the nest yesterday and Nag ate it."

"Hm," said Rikki-tikki, "That is very sad – but I am a stranger here. Who is Nag?"

[…] From the thick grass at the foot of the bush, there came a low hiss – a horrible cold sound that made Rikki-tikki jump back two clear feet. Then inch by inch out of the grass rose the head and spread hood of Nag, the big black cobra, and he was five feet long from tongue to tail. When he had lifted one third of himself clear of the ground, he stayed balancing to and fro exactly as a dandelion tuft balances in the wind, and looked at Rikki-tikki with the wicked snake's eyes that never change their expression, whatever the snake may be thinking of.

"Who is Nag?" said he. "I am Nag. The great god Brahm put his mark upon all our people, when the first cobra spread his hood to keep the sun off Brahm as he slept. Look and be afraid!"

From *The Jungle Books* by Rudyard Kipling.

1 Lis l'introduction.

1. Quels sont les noms des deux principaux acteurs de cette histoire et le pays où elle se passe ? ______

2 Lis toute l'histoire.

Quels sont les noms des personnages secondaires. ______

3 Relis jusqu'à ...*sneezed*.

1. Souligne :
   a. la réaction du petit garçon lorsqu'il voit Rikki-tikki-tavi.
   b. ce que lui répond sa mère.
   c. ce que dit son père.
2. Entoure ce qui prouve qu'il est bien vivant.

4 Relis jusqu'à ...*ate it*..

1. Surligne en bleu la saison et le lieu où se trouve Rikki-tikki-tavi.
2. Surligne en rouge les phrases qui indiquent les traits de caractère du petit animal. (A-t-il peur des hommes ? Est-il gourmand ? curieux ? familier ?)
3. Surligne en rouge :
   a. la raison de la tristesse de Darzee et de sa femme.
   b. la question de Rikkitikki-tavi.
   c. la façon dont il perçoit la présence de Nag.

5 Relis la fin du texte.

1. Surligne en bleu comment apparaît le cobra et ce qu'il est en réalité.
2. Avec qui le cobra revendique-t-il un lien privilégié?
   ______
3. Que cherche-t-il ? ______
4. Penses-tu qu'il va y réussir ? ______
   ______

6 Déduis le sens de ces mots.

1. flood ______
2. cotton wool ______
3. miserable ______
4. hiss ______
5. wicked ______

Write

Write a postcard!

1 Observe la conversation par internet entre Jeremy et Rob et compare avec la carte postale qu'il a écrite à ses grandparents paternels. Retrouve les abréviations utilisées sur internet.

How are you? ____________ And you? ____________

Great! ____________ Where are you? ____________

I'm going to ____________ Dad wants to ____________

See you! ____________

2 Écris la carte postale que Jeremy va envoyer à ses grands-parents maternels.

____

____

____

____

____

____

English and SMS language

■ Compare dans ton manuel les textos et les phrases en anglais. Puis, traduis ce message en anglais normal. Les « traductions » dans les encadrés t'aideront.

Hi Jennifer R U OK? sry i 4gt 2 cal U last nyt. Y dun we go & C a film b4 U go 2 NY? @ do U tink? @ wud U lik 2 C? TTYL i hav 2 wlk d K9

____

____

____

English	SMS
and	&
are	R
ate	8
be	B
for	4
great	gr8
How are you	HRU
dog	K9
night	nyt

English	SMS
see	C
talk to you later	TTYL
the	de
time to go	T2go
to/too	2
What	@
Why	Y
you	U

Project The way they live in India

3 Ferme ton manuel avant de faire ce quiz. Coche les phrases que tu crois justes. Quand tu auras fini, vérifie tes réponses dans ton manuel.

1. ☐ a. India was still a British colony at the end of the 20th century.
   ☐ b. India is a member of the Commonwealth.
   ☐ c. India became independent in 1987.
2. ☐ a. There are two official languages: Hindi and English.
   ☐ b. Hindi is the only official language.
   ☐ c. The official languages are Hindi, English and 21 other languages.
3. ☐ a. The capital city is Mumbai.
   ☐ b. The capital city is New Delhi.
   ☐ c. The capital city is Kolkata.
4. ☐ a. The currency is the Indian dollar.
   ☐ b. The currency is the rupee.
   ☐ c. The currency is the pound.
5. ☐ a. Gandhi was a violent political leader.
   ☐ b. Gandhi peacefully inspired the independence movement.
   ☐ c. Gandhi was a religious leader.
6. ☐ a. The Taj Mahal is an old temple.
   ☐ b. The Taj Mahal is a magnificent palace.
   ☐ c. The Taj Mahal is the highest mountain in the world.

4 Qu'est-ce qui a changé et qu'est-ce qui est en train de changer en Inde ? Écris trois phrases.

____

____

____

5 Ecris une légende pour chacune des photos que tu as choisies.

Photo 1 ______________________________

____

Photo 2 ______________________________

____

Photo 3 ______________________________

____

ÉVALUE-TOI !

Lexique

1. J'écris tous les mots dont je me souviens.

verbes relatifs au thé	noms relatifs au thé
J'ai trouvé ...... verbes.	J'ai trouvé ...... noms.

2. Je traduis des expressions suivantes.

- C'est vraiment confortable. ______________________________
- J'en ai assez de... ______________________________...
- J'attends avec impatience de... ______________________________...
- Quel est le problème ? ______________________________
- il y a quelques années ______________________________

3. Je complète le tableau.

base verbale	prétérit	participe passé	traduction
see			
			acheter
		won	
sell			
			devenir
		done	

☺ J'ai retenu. 😐 Je dois encore apprendre. ☹ Je n'ai pas encore acquis.

Grammaire

1. J'ai compris comment constater le résultat présent d'une action passée.

Avec les mots suivants : *Luke, paint, the door*

- j'écris une phrase affirmative :

____

- j'écris une phrase négative :

____

- j'écris une phrase interrogative :

____

2. J'ai compris quand utiliser le gérondif. Je traduis les phrases suivantes.

- Je suis très bon en natation.

___

- Mes parents sont intéressés par les visites de vieilles églises.

___

- Lis le livre avant d'aller voir le film !

___

- Je ne supporte pas de voyager en avion.

___

☺ J'ai compris. 😐 Je dois revoir. ☹ Je n'ai pas encore compris.

Connaissances culturelles

1. Je me souviens à quel siècle ont vécu ces deux reines.

- Victoria : ___
- Elizabeth I : ___

2. Je sais expliquer ce qu'est le Commonwealth.

___

___

☺ J'ai retenu. 😐 Je dois encore apprendre. ☹ Je n'ai pas encore acquis.

Expression écrite

Je peux écrire une carte postale au sujet de mes activités de vacances.

☺ Je suis capable. 😐 Je suis presque capable. ☹ Je ne suis pas encore capable.

Expression orale

- [ ] Je sais dire ce qui a changé dans une pièce.
- [ ] Je sais faire une interview à propos d'un événement sportif.
- [ ] Je sais expliquer pourquoi j'ai choisi un lieu de vacances.

Compréhension orale

☺ Je comprends presque tout. 😐 Je comprends un peu. ☹ J'ai du mal à comprendre.

Imprimé en France par Jouve à Mayenne
N° d'imprimeur : 426521Y - N° d'édition : 004530-01
Dépôt légal : avril 2007